光明社科文库
GUANGMING DAILY PRESS:
A SOCIAL SCIENCE SERIES

·教育与语言书系·

大学生创新创业实务新编

杨红平　　左国防 | 编

光明日报出版社

图书在版编目（CIP）数据

大学生创新创业实务新编 ／ 杨红平，左国防编 . --

北京：光明日报出版社，2024.3

ISBN 978－7－5194－7320－4

Ⅰ. ①大… Ⅱ. ①杨… ②左… Ⅲ. ①大学生—创业

Ⅳ. ①G647.38

中国国家版本馆 CIP 数据核字（2023）第 112158 号

大学生创新创业实务新编

DAXUESHENG CHUANGXIN CHUANGYE SHIWU XINBIAN

编　　者：杨红平　左国防			
责任编辑：刘兴华		责任校对：宋　悦　李佳莹	
封面设计：中联华文		责任印制：曹　净	

出版发行：光明日报出版社

地　　址：北京市西城区永安路 106 号，100050

电　　话：010-63169890（咨询），010-63131930（邮购）

传　　真：010-63131930

网　　址：http://book.gmw.cn

E － mail：gmrbcbs@gmw.cn

法律顾问：北京市兰台律师事务所龚柳方律师

印　　刷：三河市华东印刷有限公司

装　　订：三河市华东印刷有限公司

本书如有破损、缺页、装订错误，请与本社联系调换，电话：010-63131930

开　　本：170mm×240mm

字　　数：152 千字　　　　　　印　　张：12.75

版　　次：2024 年 3 月第 1 版　　印　　次：2024 年 3 月第 1 次印刷

书　　号：ISBN 978－7－5194－7320－4

定　　价：85.00 元

前　言

　　随着我国加快落实创新驱动发展战略，主动适应和引领经济发展新常态，大众创业、万众创新的浪潮在神州大地上激流涌动。创新是民族之魂，是时代主题；创业是发展之基，是富民之本。习近平总书记强调，"创新是社会进步的灵魂，创业是推动经济社会发展、改善民生的重要途径"①。实践证明，广泛开展大众创业、万众创新，是培育和催生经济社会发展新动力的必然选择，是扩大就业、实现富民之道的根本举措，是激发全社会创新潜能和创业活力的有效途径。推进大众创业、万众创新，是发展的动力之源，也是富民之道、公平之计、强国之策，对于推动经济结构调整、打造发展新引擎、增强发展新动力、走创新驱动发展道路具有重要意义，是稳增长、扩就业、激发亿万群众智慧和创造力，促进社会纵向流动、公平正义的重大举措。

　　《国务院关于大力推进大众创业万众创新若干政策措施的意见》《国务院办公厅关于进一步支持大学生创新创业的指导意见》等文件是为了改革完善相关体制机制，推动资金链引导创业创新链、创业创新链支持产业链、产业链带动就业链而制定的法规，按照"四个全面"战略布局，

---

① 习近平致 2013 年全球创业周中国站活动组委会的贺信［N］. 光明日报, 2013-11-09.

坚持改革推动，加快实施创新驱动发展战略，充分发挥市场在资源配置中的决定性作用以及更好地发挥政府作用，加大简政放权力度，放宽政策、放开市场、放活主体，形成有利于创新创业的良好氛围，让千千万万创业者活跃起来，汇聚成经济社会发展的巨大动能。不断完善体制机制，加强统筹协调，构建有利于大众创业、万众创新的蓬勃发展的政策环境、制度环境和公共服务体系，以创业带动就业、创新促进发展。

为了全面贯彻习近平新时代中国特色社会主义思想，落实创新创业相关精神，要求高等教育在人才培养模式、专业建设等方面深入研究，进一步完善课程体系的建设，开发创新创业教育教学教材，切实提升教师创新创业教育能力建设，强化创新创业教育实践，把创新精神、创新意识、创新创业能力与人才培养、专业建设有机结合起来。

本书得到甘肃省就业创业能力提升工程项目——大学生创新创业教育课程建设、甘肃省科技计划（22Y17GE169）、甘肃省教育厅产业支撑计划项目（2023CYZC-60）、甘肃省教育厅产业支撑计划项目（2023CYZC-61）资助。全书共六章，涉及内容包括创新与创业、创新思维与创新方法、创业机会与创业项目、组建创业团队、创新创业典型案例、天水师范学院创新创业典型案例。

本书由杨红平编写，左国防进行统稿修订。在编写过程中得到了天水师范学院相关部门领导、教师和学生的大力支持，同时赛云九洲科技股份有限公司提供了相关典型案例，在此对他们表示衷心的感谢！

由于编者水平有限及时间仓促，在编写过程中难免出现疏漏与不足，敬请广大读者批评指正，以便后续修订、补充和完善。

编　者

目　录
CONTENTS

第一章

创新与创业

政策导引

《国务院办公厅关于进一步支持大学生创新创业的指导意见》（国办发〔2021〕35 号）①

纵深推进大众创业万众创新是深入实施创新驱动发展战略的重要支撑，大学生是大众创业万众创新的生力军，支持大学生创新创业具有重要意义。近年来，越来越多的大学生投身创新创业实践，但也面临融资难、经验少、服务不到位等问题。为提升大学生创新创业能力、增强创新活力，进一步支持大学生创新创业，经国务院同意，现提出以下意见。

---

① 国务院办公厅．国务院办公厅关于进一步支持大学生创新创业的指导意见［EB/OL］．中国政府网，2022-09-22.

一、总体要求

以习近平新时代中国特色社会主义思想为指导，深入贯彻落实党的十九大和十九届二中、三中、四中、五中全会精神，全面贯彻党的教育方针，落实立德树人根本任务，立足新发展阶段、贯彻新发展理念、构建新发展格局，坚持创新引领创业、创业带动就业，支持在校大学生提升创新创业能力，支持高校毕业生创业就业，提升人力资源素质，促进大学生全面发展，实现大学生更加充分更高质量就业。

二、提升大学生创新创业能力

（一）将创新创业教育贯穿人才培养全过程。深化高校创新创业教育改革，健全课堂教学、自主学习、结合实践、指导帮扶、文化引领融为一体的高校创新创业教育体系，增强大学生的创新精神、创业意识和创新创业能力。建立以创新创业为导向的新型人才培养模式，健全校校、校企、校地、校所协同的创新创业人才培养机制，打造一批创新创业教育特色示范课程。

（二）提升教师创新创业教育教学能力。强化高校教师创新创业教育教学能力和素养培训，改革教学方法和考核方式，推动教师把国际前沿学术发展、最新研究成果和实践经验融入课堂教学。完善高校双创指导教师到行业企业挂职锻炼的保障激励政策。实施高校双创校外导师专项人才计划，探索实施驻校企业家制度，吸引更多各行各业优秀人才担任双创导师。支持建设一批双创导师培训基地，定期开展培训。

（三）加强大学生创新创业培训。打造一批高校创新创业培训活动品牌，创新培训模式，面向大学生开展高质量、有针对性的创新创业培训，提升大学生创新创业能力。组织双创导师深入校园举办创业大讲堂，进行创业政策解读、经验分享、实践指导等。支持各类创新创业大赛对大学生创业者给予倾斜。

三、优化大学生创新创业环境

（四）降低大学生创新创业门槛。持续提升企业开办服务能力，为大学生创业提供高效便捷的登记服务。推动众创空间、孵化器、加速器、产业园全链条发展，鼓励各类孵化器面向大学生创新创业团队开放一定比例的免费孵化空间，并将开放情况纳入国家级科技企业孵化器考核评价，降低大学生创新创业团队入驻条件。政府投资开发的孵化器等创业载体应安排30%左右的场地，免费提供给高校毕业生。有条件的地方可对高校毕业生到孵化器创业给予租金补贴。

（五）便利化服务大学生创新创业。完善科技创新资源开放共享平台，强化对大学生的技术创新服务。各地区、各高校和科研院所的实验室以及科研仪器、设施等科技创新资源可以面向大学生开放共享，提供低价、优质的专业服务，支持大学生创新创业。支持行业企业面向大学生发布企业需求清单，引导大学生精准创新创业。鼓励国有大中型企业面向高校和大学生发布技术创新需求，开展"揭榜挂帅"。

（六）落实大学生创新创业保障政策。落实大学生创业帮扶政策，加大对创业失败大学生的扶持力度，按规定提供就业服务、就业援助和社会救助。加强政府支持引导，发挥市场主渠道作用，鼓励有条件的地方探索建立大学生创业风险救助机制，可采取创业风险补贴、商业险保费补助等方式予以支持，积极研究更加精准、有效的帮扶措施，及时总结经验、适时推广。毕业后创业的大学生可按规定缴纳"五险一金"，减少大学生创业的后顾之忧。

四、加强大学生创新创业服务平台建设

（七）建强高校创新创业实践平台。充分发挥大学科技园、大学生创业园、大学生创客空间等校内创新创业实践平台作用，面向在校大学生免费开放，开展专业化孵化服务。结合学校学科专业特色优势，联合有关行业企业建设一批校外大学生双创实践教学基地，深入实施大学生创新创业训练计划。

（八）提升大众创业万众创新示范基地带动作用。加强双创示范基地建设，深入实施创业就业"校企行"专项行动，推动企业示范基地和高校示范基地结对共建、建立稳定合作关系。指导高校示范基地所在城市主动规划和布局高校周边产业，积极承接大学生创新成果和人才等要素，打造"城校共生"的创新创业生态。推动中央企业、科研院所和相关公共服务机构利用自身技术、人才、场地、资本等优势，为大学生建设集研发、孵化、投资等于一体的创业创新培育中心、互联网双创平台、孵化器和科技产业园区。

五、推动落实大学生创新创业财税扶持政策

（九）继续加大对高校创新创业教育的支持力度。在现有基础上，加大教育部中央彩票公益金大学生创新创业教育发展资金支持力度。加大中央高校教育教学改革专项资金支持力度，将创新创业教育和大学生创新创业情况作为资金分配重要因素。

（十）落实落细减税降费政策。高校毕业生在毕业年度内从事个体经营，符合规定条件的，在3年内按一定限额依次扣减其当年实际应缴纳的增值税、城市维护建设税、教育费附加、地方教育附加和个人所得税；对月销售额15万元以下的小规模纳税人免征增值税，对小微企业和个体工商户按规定减免所得税。对创业投资企业、天使投资人投资于未上市的中小高新技术企业以及种子期、初创期科技型企业的投资额，按规定抵扣所得税应纳税所得额。对国家级、省级科技企业孵化器和大学科技园以及国家备案众创空间按规定免征增值税、房产税、城镇土地使用税。做好纳税服务，建立对接机制，强化精准支持。

六、加强对大学生创新创业的金融政策支持

（十一）落实普惠金融政策。鼓励金融机构按照市场化、商业可持续原则对大学生创业项目提供金融服务，解决大学生创业融资难题。落实创业担保贷款政策及贴息政策，将高校毕业生个人最高贷款额度提高至20万元，对10万元以下贷款、获得设区的市级以上荣誉的高校毕业生创业者免除反担保要求；对高校毕业生设立的符合条件的小微企业，最高贷款额度提高至300万元；降低贷款利率，简化贷款申报审核流程，提高贷款便利性，支持符合条件的高校毕业生创业就业。鼓励和引导金融机构加快产品和服务创新，为符合条件的大学生创业项目提供金融服务。

（十二）引导社会资本支持大学生创新创业。充分发挥社会资本作用，以市场化机制促进社会资源与大学生创新创业需求更好对接，引导创新创业平台投资基金和社会资本参与大学生创业项目早期投资与投智，助力大学生创新创业项目健康成长。加快发展天使投资，培育一批

天使投资人和创业投资机构。发挥财政政策作用，落实税收政策，支持天使投资、创业投资发展，推动大学生创新创业。

七、促进大学生创新创业成果转化

（十三）完善成果转化机制。研究设立大学生创新创业成果转化服务机构，建立相关成果与行业产业对接长效机制，促进大学生创新创业成果在有关行业企业推广应用。做好大学生创新项目的知识产权确权、保护等工作，强化激励导向，加快落实以增加知识价值为导向的分配政策，落实成果转化奖励和收益分配办法。加强面向大学生的科技成果转化培训课程建设。

（十四）强化成果转化服务。推动地方、企业和大学生创新创业团队加强合作对接，拓宽成果转化渠道，为创新成果转化和创业项目落地提供帮助。鼓励国有大中型企业和产教融合型企业利用孵化器、产业园等平台，支持高校科技成果转化，促进高校科技成果和大学生创新创业项目落地发展。汇集政府、企业、高校及社会资源，加强对中国国际"互联网+"大学生创新创业大赛中涌现的优秀创新创业项目的后续跟踪支持，落实科技成果转化相关税收优惠政策，推动一批大赛优秀项目落地，支持获奖项目成果转化，形成大学生创新创业示范效应。

八、办好中国国际"互联网+"大学生创新创业大赛

（十五）完善大赛可持续发展机制。鼓励省级人民政府积极承办大赛，压实主办职责，进一步加强组织领导和综合协调，落实配套支持政策和条件保障。坚持政府引导、公益支持，支持行业企业深化赛事合

作，拓宽办赛资金筹措渠道，适当增加大赛冠名赞助经费额度。充分利用市场化方式，研究推动中央企业、社会资本发起成立中国国际"互联网+"大学生创新创业大赛项目专项发展基金。

（十六）打造创新创业大赛品牌。强化大赛创新创业教育实践平台作用，鼓励各学段学生积极参赛。坚持以赛促教、以赛促学、以赛促创，丰富竞赛形式和内容。建立健全中国国际"互联网+"大学生创新创业大赛与各级各类创新创业比赛联动机制，推进大赛国际化进程，搭建全球性创新创业竞赛平台，深化创新创业教育国际交流合作。

九、加强大学生创新创业信息服务

（十七）建立大学生创新创业信息服务平台。汇集创新创业帮扶政策、产业激励政策和全国创新创业教育优质资源，加强信息资源整合，做好国家和地方的政策发布、解读等工作。及时收集国家、区域、行业需求，为大学生精准推送行业和市场动向等信息。加强对创新创业大学生和项目的跟踪、服务，畅通供需对接渠道，支持各地积极举办大学生创新创业项目需求与投融资对接会。

（十八）加强宣传引导。大力宣传加强高校创新创业教育、促进大学生创新创业的必要性、重要性。及时总结推广各地区、各高校的好经验好做法，选树大学生创新创业成功典型，丰富宣传形式，培育创客文化，营造敢为人先、宽容失败的环境，形成支持大学生创新创业的社会氛围。做好政策宣传宣讲，推动大学生用足用好税费减免、企业登记等支持政策。

第一节 创新概述

在人类发展的历史长河中，创新是一个永恒的主题，是人类进步的灵魂，是一个国家兴旺发达的不竭动力。它推动着人类不断地探寻解决问题的好创意、新方法，并且努力实现目标。如果没有创新的动力，我们所生活的这个世界将会截然不同。回顾人类历史时我们会发现，人类长期在农牧社会缓慢爬行，到了近现代，尤其是最近的几十年，人类社会才以前所未有的速度迅猛发展，而这就是创新在推动科学技术和经济发展进步。近代以来，人类已经发生过四次科学技术工业革命。

第一次是18世纪60年代到19世纪中期世纪，在蒸汽技术革命、亚当·斯密古典经济理论以及市场经济兴起的推动下，世界开始从农业经济转向工业经济，进入蒸汽时代。人类从家庭生产进入工业生产，开始了跨家庭作坊的生产方式，突破了自然动力的局限性，实现了大生产和机械化。

第二次是19世纪60年代后期到20世纪初，在电气技术革命和新古典经济学，也就是市场经济进一步发展下，世界又从蒸汽时代进入了电气时代，开始了专业化、标准化、社会化以及跨地区的生产方式。

第三次是在第二次世界大战以后，在无线电电子技术革命和现代市场经济理论的推动下，世界又从电气时代进入了科技时代。通俗一点的说法是从机械化时代进入了自动化时代。人类的生产，又从标准化转向非标准化、柔性化以及跨国生产方式。由此出现了现代市场经济理论，包括第二次世界大战以前的凯恩斯经济学，该理论阐述了市场机制自动调节的条件。

第四次技术革命是 21 世纪开始，信息网络、数字技术的广泛应用，促进了现代服务业的快速发展，极大地改变了人类的生产方式和生活方式，加快了全球化进程，推动着人类社会进入信息时代和知识经济时代。

创新是推动科技、经济进步，促进社会发展的一个重要因素。火的使用，使人类脱离了茹毛饮血的野蛮时代；文字的创造使人类将自己的智慧结晶永久传递、永恒保存；蒸汽机的发明，将人类从繁重的体力劳动中解放出来；计算机的诞生，给人类插上了新的翅膀。创新引发了科学技术的突飞猛进，科学革命和技术革命最终导致产业革命。因此，从某种意义上来说，人类社会发展史就是一部人类不断创新的历史。

纵观人类的进步史和中华民族的发展史，人类社会的进步都是追求变革与创新的结果。一个国家、一个民族的创新意识水平的高低与创新能力的大小，将对这个国家、这个民族在激烈的世界经济和科学竞争中起着至关重要的作用，哪个国家、哪个民族勇于创新、善于创新，在激烈的世界竞争中，它就能够迅速发展和壮大。一个没有创新能力的民族，难以屹立于世界民族之林。实践没有止境，创新也没有止境，这是社会前进的必然规律。

创新能推动科学技术和经济的进步与发展，而守旧将导致科学技术和经济的落后。比如，欧洲的中世纪，人们的思想被束缚，一千多年来，欧洲的科学技术几乎处于停滞状态。[①] 我国自汉唐以来经济文化繁荣，科学技术先进，后来到了"落日的余晖"——清朝，这一时期实

---

① 刘万韬. 大学生创新创业教程：大众创业 万众创新［M］. 天津：南开大学出版社，2016：8-15.

行闭关锁国政策，虽然有四大发明，但由于故步自封，现代科学没有在中国得到发展。

我国改革开放是一项伟大的创新事业。建设中国特色的社会主义是一项前无古人的崭新事业，没有现成的道路可走，没有现成的经验可资借鉴。改革就是一个打破常规、求新求变的过程。这就要求我们跳出传统的框架，以勇于开拓、敢闯敢试敢冒险、敢为天下先的创新精神，通过新实践，闯出一条新路。中国 40 多年发生了翻天覆地的变化，这个变化包含着中国社会政治、经济、科学技术及文化的进步与创新。中国的改革发展是与时俱进地继承与发展中国的优秀传统文化，吸收并消化世界各国的先进科学技术和文化的过程，从而取得举世瞩目的伟大成就。

当今世界科学技术的高速发展使我国面临空前挑战，但同时也带来了重大机遇。改革开放以来，我国经济连续 40 多年高速增长，创造了举世瞩目的经济发展奇迹。然而我们应当清醒地认识到，过去我国粗放型经济增长战略，客观上造成了一系列问题。随着国际竞争的不断加剧，我国经济活动空间将不可避免地受到越来越多的束缚和挤压，这对我国这样一个资源相对短缺、经济竞争力较弱的发展中国家来说，是全面而严峻的挑战。世界科技发展的历史告诉我们：一个国家只有拥有强大的自主创新能力，才能在激烈的国际竞争中把握先机、赢得主动。因此，努力推进科学技术创新，已经成为关系国家发展、民族兴亡至关重要的现实问题。

中华民族是一个善于创造、善于创新的民族。我国历史上有过无数的荣耀，如四大发明等，但是，我们不能沉醉于曾经的成绩，我们应该站在新的历史起点上，开创新的未来。这个未来绝不是建立在依靠外来技术、依靠他国产品、充当"世界工厂"之上的，而是深深植根于科技的自主创新，以及依靠自己的力量发展起来的经济实力。

综上所述，创新引领世界，通过创新，研制新产品，实现市场价值。具体来说，就是以追求理想的激情激活探索现实的精神，坚持不懈地探求新思想、新事物、新价值，倡导自由探索、自由审视和自由创造，从而释放创业精神，并将其转化为企业和科技创新，推动经济和社会的快速发展。

一、创新的内涵

创新（Innovation）一词起源于拉丁语。它有三层含义：一是更新，二是创造新东西，三是改变。创新是指人们根据一定目的，针对所研究对象，运用新的知识与方法或引入新事物，产生出某种新颖、有社会或个人价值成果的活动。这里的成果是指以某种形式存在的创新成果，它既可以是一种新概念、新设想、新理论，又可以是一项新技术、新工艺、新产品，还可以是一个新制度、新市场、新组织。这一定义是根据成果来判别创新性的，判别标准有二，即成果是否新颖，是否有社会或个人价值。"新颖"主要是指对现有的东西进行变革，使其更新，成为新的东西，即除旧布新，不墨守成规。"有社会价值"是指对人类、国家和社会的进步具有重要意义，如重大的知识创新、技术创新和产品创新等。"有个人价值"则是指相对于个体发展具有意义。

二、创新的特性

根据创新的本质与要求，创新具备的特质包括目的性、新颖性、价值性、先进性、变革性、发展性和层次性。

（一）目的性

创新往往是有目的的，其目的就是不断地满足人类自身生存发展的需要。具体地说，创新是围绕着解决一定问题而进行的，它总是与完成某个任务相联系，这就是创新的目的性。创新是一种有目的地认识世界和改造世界的实践活动。

（二）新颖性

创新是把新的或重新组合和再次发现的知识引入所研究的对象系统中的过程，是引入新概念、新东西和革新的过程。因而其成果必然是新颖的，与过去相比较具有新的因素或成分。唯其"新"，才能具有优势，才能战胜旧事物。原有事物的内容和形式正是由于增加了新的因素才得以更新、发展和突破。

（三）价值性

创新具有明显、具体的价值，也就是具有一定的社会和经济效益。创新是各种社会事物进步与发展的共同因素。它能够满足人们的某种需要，促使企业获得成功，国家经济活力得到增强，社会取得进步。若没有价值，创新也就失去了意义。创新成果的价值分为社会价值、经济价值和学术价值。

（四）先进性

创新在一定程度上优于已有的事物，是人们愿意采纳创新成果的关键所在。一个创新产品的先进性主要体现在：结构更合理，功能更齐全，效率进一步提高，等等。一个创新的管理方法相对优势表现在：增加经济利润，降低成本，调动人的积极性，提高管理效率，等等。如果不具有先进性，新事物就不可能替代旧事物，创新就失去了意义。另外，创新的先进性还体现在代表了事物的发展规律和趋势。

（五）变革性

创新包括变革旧事物，使其更新，成为新的东西这一含义。《易经》云："穷则变，变则通，通则久。"意思是说，当我们遇到难以解决的问题时，就应该采用"变"的方式，如改变思考角度、方式、方法、结构、功能等；变了问题就解决了，即"通"了。这个由变到通的过程，就是创新的过程。

（六）发展性

创新是一个不断发展的过程。创新发展是创造新知识、应用新知识并不断发展知识的过程。知识是创新之源，通过知识创新推动科技创新、文化创新、管理创新以及其他各方面的创新。创新使知识生生不息，没有知识的不断更新，创新的源泉就会干涸。对知识的创造、应用、再创造、再应用这种形式，循环往复以至无穷，而每一循环创造和应用的内容，都比之前到了更高一级的程度。这是人类创新永无止境、无限发展的客观规律。

（七）层次性

创新可划分为这三个层次：第一，初级创新。主要是指在别人率先创新的基础上，通过引进技术和购买专利等方式，消化吸收而进行的一种创新。这是以跟踪当前国际先进水平并加以模仿为主的创新思路。以跟踪和模仿为主的创新是工业后进国家缩短同发达国家之间差距的一条捷径，是实现跨越和赶超，尽快步入自主创新的必经之路。第二，中级创新。主要是指经过改革或发明，在原有的知识和经验基础上重组材料，研制出有一定社会经济价值的产品的技术革新。这一层次创新已成为社会文化、科学和生产力发展的巨大力量。第三，高级创新。主要是指经过长期的研究、艰巨的探索而产生的科学发现，它是一项从无到有、填补空白的创新活动。

三、创新的类型

根据创新的性质可将技术创新划分为三种类型：原始创新、跟随创新和集成创新。①

（一）原始创新

原始创新是指重大科学发现、技术发明、原理性主导技术等原始性创新活动。原始性创新成果通常具备三大特征：一是首创性，研究开发成果前所未有。只有具备首创性的原始创新才有可能发展成为核心竞争力。首创性的最高层次是文化和科技的首创性——文化的首创性最终沉淀为经典，科技的首创性最终转化为标准和法规。二是突破性，在原理、技术、方法等某个或多个方面实现重大变革。创新既是在前人成果基础上的思维，又是打破前人成果基础的思维。对已经经过多年实践考验的前人成果，必须学习和继承；而对未成定论的、有争议的、新兴的、边缘的学科或产业领域，则应积极开展原始创新活动。三是带动性，原始创新在对科技自身发展产生重大牵引作用的同时，也对经济结构和产业形态带来重大变革。

（二）跟随创新

跟随创新是指在已有成熟技术的基础上，沿着已经明确的技术道路

---

① 张一青．新时期大学生创新创业教育研究［D］．西安：西安建筑科技大学，2017：20-25.

进行技术创新，如在原有技术之上将技术更加完善，开发出新的功能。技术所有的独特用途都是可以复制的，技术复制周期越来越短，对新技术的早期投资能真正得到回报的可能性越来越低，因而巨大的研发投资，也就是所谓的领先创新，并不一定会为自己带来优势。

（三）集成创新

集成创新是利用各种信息技术、管理技术与工具等，对各个创新要素和创新内容进行选择、集成和优化，形成优势互补的有机整体的动态创新过程。

四、创新的六大原则

创新原则是权变管理原理最有效的体现。一个企业要创新的时候，只有完成了技术的创新、产品的创新、商业模式的创新和管理技术的创新，才能提高核心竞争力。更多的所谓管理机制的改革是所有创新的基础，同时管理模式的创新是一个企业最高层级的创新。企业首先要做到技术创新、产品创新、商业模式创新，最后再进行管理的创新，这样，企业核心竞争力才能逐步提升。只有核心竞争力提升了，企业才能做得更好。

（一）创建伟大的创新团队

组织建立起创新生态的初始，一定是创建一支伟大的创新团队，这意味着组织必须将拥有不同技能和各种先进技术的人才聚集起来，懂得如何创新的人才更是必不可少。这些创新人才主要包括三种类型：第一类创新型人才是远见者。这类稀缺人才能够预见更好的未来是什么样的，能见人之所未见。更重要的是，他们不但会勾画关于未来的伟大蓝图，而且知道如何去实现。第二类创新型人才是探索者。这些人在持续寻求非连续创新。他们引进全新的知识和技术，创造市场上从未存在过的创新型产品。第三类创新型人才是实验者。新型技术的早期采用者和创新者不会被既有技术束缚与局限。

（二）赋能团队中的每颗"大脑"

一旦建立起了一支优秀的创新型团队，我们就要考虑如何为团队赋能？如何领导一支天赋异禀的团队做出伟大的成果？要知道，让聪明人一起做伟大的事情，这可不是随便就能做到的，一定要领导有道才可以。第一，领导者要保持谦逊。作为领导者，要冲在最前线，不退后一步，为年轻的团队成员赋能，他们往往能想出最激动人心的好主意，让年轻人去大展身手，让每个人都有所贡献。不要在组织中推行等级制度，而是要推行能人制度。领导者不是一个独裁者，领导者的职能是让团队中的每一个人发挥出最大的效能。第二，不要事无巨细地参与到微观计划和工作当中。建立了一支优秀的团队之后，就让团队成员自行规划自己的工作路线。让他们自己去发现机会，让团队在工作推进中调整和改进原来的计划。如果领导过度管理，事无巨细地参与管理过程，不管管理的团队有多么优秀，他们都会被领导者的能力边界限制住。但是如果领导者可以赋能整个团队，就可以让团队中的每一颗"大脑"都为团队做出无可取代的贡献，助力团队取得成功。所以说，作为领导者，只需制定战略框架和方向，无须制定具体的方案。第三，领导者要学会激发头脑风暴。学会开放性思考，探索不同的想法。在听到别人提出新想法时，不要急着批评和打击，可以仔细想想该想法是否可行。当然，每个想法都要经过时间的检验，才能知道是否有效。任何创意的产生首先都需要打破思维定式，也许我们真的能做些事情改变现状呢？也许我们真的能探索出做一件事的不同方式呢？

（三）把握创新的过程

在科技领域，第一次的创新成果往往不那么尽如人意，可能使用起来不是很灵敏，用户交互界面不太友好，或者使用起来体验很差，但是，第一次的创新成果往往承载了我们最初的设想，实现了我们想实现的最核心的东西。信息、科技类的创新是要经历一系列过程的，可以将其归纳为四个关键阶段。第一阶段，创造。首先做出一个关于可能性的设想，可能是要研发出一项新的功能，可能是要以更快的方式来推进一些既有的流程。要清晰地陈述你的设想，因为那是你在创新过程中不断测试和检验的目标。第二阶段，创建原型。这个原型只要能够让一部分用户自行操作，实际感受到这项技术如何运作就可以。第三阶段，实验。要学会转换视角，从用户视角去考虑问题。企业生产出的产品，会有人想要使用它吗？会有市场需求吗？会让人拿起来就舍不得放下吗？除非我们用原型去实验，否则永远不知道答案，要不断地在疑问中迭代产品的技术与核心竞争力。第四阶段，测评。实验之后我们会对如何改进形成新的见解，哪些特性比较重要？顾客和潜在用户在什么情境下会应用这款产品？相对于以前的产品哪些方面有所提升，哪些方面还有待提升？通过不断重复以上四个阶段，直到可以得出结论。或许这项技术注定不会成功，只能放弃，抑或在这个过程中收获了一个原型或产品雏形。

（四）勇于承担风险

如果惧怕失败，就不可能有所创新，失败是创新过程的一部分。首先，这并不意味着你要鲁莽地去冒险，领导者应勇于承担可衡量的风险。想要取得成功，势必要相应地承担起风险。领导者和创新者要确保自己清楚地了解并认可当下的事业以及要承担的风险，清楚这件事有多大的概率会成功，如果成功，将会获得什么回报。其次，承担风险的关键是愿意淘汰自己的产品。最后，创新者要敢于抢先行动。在科技创新中，先发优势极其重要。尤其是当这种产品可以如同病毒一样大规模、高速地扩张时。

（五）接受失败

如果企业承担了风险，就一定有可能失败。当然这不意味着要鲁莽地冒险，而是要尽早地评估最终取得成功的可能性。

（六）从实验室向市场转化

将实验室或者校园里的一项技术发明转化为可投入市场的产品，是创新最关键的阶段，也是很多创新和发明最后无疾而终的原因。要将技术发明转化为市场产品，其关键在于了解这个过程是如何运作的。一般来说，研发和创新过程大多发生在大学校园中或者企业实验室中，然而完成向市场产品的转化是非常艰难的。在这个过程中，失败的概率可能高过创新过程的其他所有环节。可以说，由于没有能力完成从实验室向市场的转化，失败比比皆是。那么，想要成功完成从实验室创新向市场产品的蜕变，需要把握的关键性原则是什么？第一，转化原则是让技术创新者加入转化过程，而非单纯的技术转移。转化的过程不是将一叠研究报告或者一个原型，从一组人手里转移到另一组人手里的过程。关键在于让技术的研发者参与到转化的过程中来。第二，转化原则是为研发人员提供充足的支持与帮助。要完成向产品的转化，研发团队需要帮助。研发团队中往往没有市场人员或营销人员，要完成从实验室到市场的转化，他们缺乏必备的支持与帮助。这一点要么在你的机构中实现，要么通过其他方式来实现。第三，转化原则是准备投入比基础研发阶段更多的资金。将原型转化为实际的产品，这往往是"重建"的过程，而非仅仅在原型基础上进行调整转化，需要投入比研发阶段更多的资金。第四，转化原则是慷慨地奖励和激励研发人员。在此过程中，还有一个应注意的要点，记住你的目标是让技术适用于市场，才能大获成功，你要考虑好如何奖励研发人员，从而激励他们完成此目标。

第二节　创业概述

自 1999 年我国决定加速发展高等教育以来，高等教育规模得到了迅速发展。2002 年年初，教育部高等教育司开始在中国人民大学、北京航空航天大学、上海交通大学等 9 所高校试点创业教育，创业教育越来越受到高校的广泛重视。

一、创业的内涵

创业为"创立基业"，通常是指创业者通过发现和识别商业机会，组织各种资源，提供产品和服务，以创造商业价值的过程。目前"创业"这个词在社会中的应用越来越广泛，它常常与创新、开创、创造等联系在一起，国际上对创业的研究集中在个体小企业的创业模式及创业管理等方面。另外是教育。教育是培养人的一种社会活动，是传承社会文化、传递生产经验和社会生活经验的基本途径。一定社会的教育是一定社会的生产力、生产关系和政治的反映。陶行知主张："教育是依据生活、为了生活的生活教育，培养有行动能力、思考能力和创造力的人。"①

综上所述，创业教育应以"教育"为核心，以"创业"为内容，且需具备两者所有属性。创业教育旨在培养学生的创业意识、创业能力和创业人格。它不但体现了素质教育的内涵，而且突出了教育创新和对学生实践能力的培养。狭义的创业教育，是培养创新型和具有创业能力的人才；广义的创业教育，是培养具有开创性的个人教育，对于就业者同样重要，因为用人单位除了要求员工在事业上有所成就，还越来越重视员工的首创精神、冒险精神、创业能力、独立工作能力以及技术、社交和管理技能。创业教育的内涵为创业教育整合了素质教育、职业教育、创造教育、创新教育等多种教育理念，是知识经济中集各种教育之合力的一种全新的教育理念。创业教育是增强创业意愿，提高创业能力，激发创业活动的催化剂，也是构建就业教育体系的重要组成部分，其对于培养和造就千百万具有创新精神和创业能力的高素质人才，使其成为我国经济建设发展的"驱动力"具有重大意义。创业教育是一项涉及全社会的系统工程，需要政府、学校、企业等方面共同实施。从学校层面来讲，要改革培养模式，全方位渗透创业教育，要改进就业指导工作服务体系，营造良好的创业教育环境。创业教育是提高学生创业基本素质，培养创业意识，形成创业生存能力的教育。开展创业教育是高等院校顺应时代潮流、服务社会的必然选择。

---

① 刘珍.地方本科高校创新创业教育生态系统构建［D］.衡阳：南华大学，2021：27-31.

二、创业的功能与价值

大学生创业培训是针对在校大学生和毕业生，从大学生的实际出发，根据经济社会的发展变化和市场需求，通过普及性、集聚性、针对性的培训，帮助大学生树立创业信心，掌握创业技能，提高创业管理能力。各级教育行政部门、人力资源和社会保障部门以及高校在开展与加强大学生创业培训时，应当积极努力，创造条件，充分发挥创业培训的教育价值。

在大学生创业培训中可以引导和鼓励学生走上创业之路，开发和实现新的经济增长点，在职业生涯中更好地实现自我价值，创造社会价值。具体来说，大学生创业培训具有以下五种教育价值。

（一）有助于大学生培养创业精神

大学生创业精神的内涵非常丰富，包括自强不息、敢于担当、勇于拼搏、善于学习、追求卓越等优秀品质。在大学生培养目标中，高等学校对大学生创业精神的培养不能只停留在创业导向上，还应当从大学生的自主能力和责任感培养开始，把创业精神作为大学生需要在大学教育中获取的一种意识和行为特性来培养，把培养高素质的创业型人才作为高校的历史使命来完成，以促进高校事业的健康发展，满足社会的需要。可见，开展和加强大学生创业培训，有助于培养大学生创业精神。

（二）有助于大学生提高创业素质

开展和加强大学生创业培训，有助于引导和帮助大学生培养创业素质。首先，有助于提高大学生创业的思想素质。通过开展和加强大学生创业培训，加大专业技能考核的导向作用，有助于提高大学生创业的思想素质。比如，对大学生广泛宣传职业资格证和劳动就业准入制度，有助于充分调动大学生投身专业技能训练的积极性。其次，有助于提高大学生创业的心理素质。许多大学生面对创业时，缺乏良好的择业心态，缺乏准确的自我定位，缺乏对社会、市场和企业需求的基本认知，从而影响创业的效果和人生的发展。通过开展和加强大学生创业培训，让大学生具备创业的基本心理素质。最后，有助于提高大学生创业的综合素质。在大学生创业培训过程中，通过课堂学习、社团活动、实习实训、调查考察、社会实践等途径的努力，有助于引导和帮助大学生融入创业实践，体验创业甘苦，积累创业经验，全面、协调、可持续地提高综合素质。

（三）有助于大学生增强创业技能

通过开展和加强大学生创业培训，有助于大学生增强创业技能。创业技能的培养是创业教育的重要内容，大学生创业技能是一种综合能力，是确保大学生创业成功的基础，是大学生实现自我价值和社会价值的必备条件。

在大学生创业培训中，高校和有关创业培训机构应当以创业实践为平台，以综合能力培养为核心，引导和帮助大学生培养与增强创业技能。大学生的创业实践往往开始于创业意识萌发之时，创业实践是学习创业知识的最好途径。根据目前大学生缺乏创业实践锻炼的现实情况，大学生创业培训要为大学生提供更多创业实践岗位，引导和帮助大学生培养与增强创业技能。

（四）有助于大学生做好创业准备

开展和加强大学生创业培训，有助于大学生在认真做好就业准备的基础上，认真做好创业准备。新形势下大学生创业，有赖于创业意识、创业理念、创业精神、创业知识、创业思维、创业意志、创业能力、创业体魄等要素的综合作用，因此要从方方面面做好创业准备。而开展和加强大学生创业培训，正好有助于大学生激发创业意识、树立创业理念、弘扬创业精神、积累创业知识、开发创业思维、锻造创业意志、培育创业能力、强健创业体魄。

（五）有助于高等教育实现科学发展

当前大学生就业难的深层次原因之一，就是目前高等教育本身存在弊端，如人才培养模式陈旧，专业设置与市场需求脱节，课程结构不合理等。这些问题导致大学毕业生难以适应社会需要，培养质量不尽如人意。创业本身创造工作岗位，在就业中始终处于引导地位，发挥着引领作用。通过开展和加强大学生创业培训，有助于推动高等教育改革，增强高等教育与社会需要的适应性，促进和实现高等教育事业的全面、协调、可持续发展。

三、创业的核心要素

（一）人：创业团队

人就是指创业团队，任何投资人都不会否认，人是创业成功最核心的要素！投资人格外看重创业团队的成员构成和创业人员的经验。投资人做投资决策时，首要的着眼点是团队。团队成员需要有很好的互补性，要在不确定性中找到方向。团队成员要有足够的灵活性、快速学习能力以及执着、专注、强烈的求胜心。团队成员要懂得合作与分享以及具备非常强的解决问题的能力。团队成员要有不知疲倦的激情和坚持不懈的态度。

　　创业团队不一定拥有身经百战的创业经验，但要在自己负责的领域具有与之匹配的技能，不一定每个人都很优秀，但组成的团队需要拥有强大的协作能力。

　　创业是一个动态变化的过程，初创公司从成立那一刻起，就开始不断地面临产品、市场、竞争、融资等各种挑战，创业团队必须能在动态变化的环境中不断纠正航向，在不确定性中寻找到正确的方向，减少试错的成本，改进策略，有时甚至需要做较大的变动。

　　（二）事：所处行业、市场规模、商业模式和盈利模式

　　创业成功的另外一个关键因素就是"事"。所谓"事"，其实指的就是创业所选择的行业、市场规模、商业模式和盈利模式。行业选择是"事"成功的关键要素。市场规模和想象空间很重要，创业者当然可以选择自己熟悉的领域创业，但一定要选择具备比较丰富的想象空间和潜力巨大的市场，在一块贫瘠的土地上，我们即便辛勤地浇灌和培育，能收获的粮食依然有限。风险投资投的是未来和预期，在一个有限的市场，即使你的项目是一个获利的生意，依然很难获得投资人的青睐。商业模式和盈利模式同样重要，创业者必须认真思考创业项目的商业模式和盈利模式，并且两种模式能够逐渐成形，这两种模式也是探索和实践出一个好的创业项目的根本途径。

　　（三）执行力：学习能力、解决问题能力、协作能力等的综合体

　　创业成功的最后一个关键要素是"执行力"。执行力就是学习的能力（分析力、洞察力、创造力）、解决问题的能力、协作的能力、社交的能力、市场力、销售力、融资能力，以及信念、坚持、效率的综合体。

第二章

创新思维与创新方法

政策导引

《国务院办公厅关于发展众创空间推进大众创新创业的指导意见》(国办发〔2015〕9号)①

为加快实施创新驱动发展战略，适应和引领经济发展新常态，顺应网络时代大众创业、万众创新的新趋势，加快发展众创空间等新型创业服务平台，营造良好的创新创业生态环境，激发亿万群众创造活力，打造经济发展新引擎，经国务院同意，现提出以下意见。

一、总体要求

（一）指导思想

全面落实党的十八大和十八届二中、三中、四中全会精神，按照党

---

① 国务院办公厅. 国务院办公厅关于发展众创空间推进大众创新创业的指导意见[EB/OL]. 中国政府网，2015-03-02.

中央、国务院决策部署，以营造良好创新创业生态环境为目标，以激发全社会创新创业活力为主线，以构建众创空间等创业服务平台为载体，有效整合资源，集成落实政策，完善服务模式，培育创新文化，加快形成大众创业、万众创新的生动局面。

（二）基本原则

坚持市场导向。充分发挥市场配置资源的决定性作用，以社会力量为主构建市场化的众创空间，以满足个性化多样化消费需求和用户体验为出发点，促进创新创意与市场需求和社会资本有效对接。

加强政策集成。进一步加大简政放权力度，优化市场竞争环境。完善创新创业政策体系，加大政策落实力度，降低创新创业成本，壮大创新创业群体。完善股权激励和利益分配机制，保障创新创业者的合法权益。

强化开放共享。充分运用互联网和开源技术，构建开放创新创业平台，促进更多创业者加入和集聚。加强跨区域、跨国技术转移，整合利用全球创新资源。推动产学研协同创新，促进科技资源开放共享。

创新服务模式。通过市场化机制、专业化服务和资本化途径，有效集成创业服务资源，提供全链条增值服务。强化创业辅导，培育企业家精神，发挥资本推力作用，提高创新创业效率。

（三）发展目标

到2020年，形成一批有效满足大众创新创业需求、具有较强专业化服务能力的众创空间等新型创业服务平台；培育一批天使投资人和创业投资机构，投融资渠道更加畅通；孵化培育一大批创新型小微企业，并从中成长出能够引领未来经济发展的骨干企业，形成新的产业业态和经济增长点；创业群体高度活跃，以创业促进就业，提供更多高质量就业岗位；创新创业政策体系更加健全，服务体系更加完善，全社会创新创业文化氛围更加浓厚。

二、重点任务

（一）加快构建众创空间。总结推广创客空间、创业咖啡、创新工场等新型孵化模式，充分利用国家自主创新示范区、国家高新技术产业开发区、科技企业孵化器、小企业创业基地、大学科技园和高校、科研院所的有利条件，发挥行业领军企业、创业投资机构、社会组织等社会力量的主力军作用，构建一批低成本、便利化、全要素、开放式的众创空间。发挥政策集成和协同效应，实现创新与创业相结合、线上与线下相结合、孵化与投资相结合，为广大创新创业者提供良好的工作空间、网络空间、社交空间和资源共享空间。

（二）降低创新创业门槛。深化商事制度改革，针对众创空间等新型孵化机构集中办公等特点，鼓励各地结合实际，简化住所登记手续，采取一站式窗口、网上申报、多证联办等措施为创业企业工商注册提供便利。有条件的地方政府可对众创空间等新型孵化机构的房租、宽带接入费用和用于创业服务的公共软件、开发工具给予适当财政补贴，鼓励众创空间为创业者提供免费高带宽互联网接入服务。

（三）鼓励科技人员和大学生创业。加快推进中央级事业单位科技成果使用、处置和收益管理改革试点，完善科技人员创业股权激励机制。推进实施大学生创业引领计划，鼓励高校开发开设创新创业教育课程，建立健全大学生创业指导服务专门机构，加强大学生创业培训，整合发展国家和省级高校毕业生就业创业基金，为大学生创业提供场所、公共服务和资金支持，以创业带动就业。

（四）支持创新创业公共服务。综合运用政府购买服务、无偿资助、业务奖励等方式，支持中小企业公共服务平台和服务机构建设，为中小企业提供全方位专业化优质服务，支持服务机构为初创企业提供法律、知识产权、财务、咨询、检验检测认证和技术转移等服务，促进科技基础条件平台开放共享。加强电子商务基础建设，为创新创业搭建高效便利的服务平台，提高小微企业市场竞争力。完善专利审查快速通道，对小微企业亟须获得授权的核心专利申请予以优先审查。

（五）加强财政资金引导。通过中小企业发展专项资金，运用阶段参股、风险补助和投资保障等方式，引导创业投资机构投资于初创期科技型中小企业。发挥国家新兴产业创业投资引导基金对社会资本的带动作用，重点支持战略性新兴产业和高技术产业早中期、初创期创新型企业发展。发挥国家科技成果转化引导基金作用，综合运用设立创业投资子基金、贷款风险补偿、绩效奖励等方式，促进科技成果转移转化。发挥财政资金杠杆作用，通过市场机制引导社会资金和金融资本支持创业活动。发挥财税政策作用支持天使投资、创业投资发展，培育发展天使投资群体，推动大众创新创业。

（六）完善创业投融资机制。发挥多层次资本市场作用，为创新型企业提供综合金融服务。开展互联网股权众筹融资试点，增强众筹对大众创新创业的服务能力。规范和发展服务小微企业的区域性股权市场，促进科技初创企业融资，完善创业投资、天使投资退出和流转机制。鼓励银行业金融机构新设或改造部分分（支）行，作为从事科技型中小企业金融服务的专业或特色分（支）行，提供科技融资担保、知识产权质押、股权质押等方式的金融服务。

（七）丰富创新创业活动。鼓励社会力量围绕大众创业、万众创新

28

组织开展各类公益活动。继续办好中国创新创业大赛、中国农业科技创新创业大赛等赛事活动，积极支持参与国际创新创业大赛，为投资机构与创新创业者提供对接平台。建立健全创业辅导制度，培育一批专业创业辅导师，鼓励拥有丰富经验和创业资源的企业家、天使投资人和专家学者担任创业导师或组成辅导团队。鼓励大企业建立服务大众创业的开放创新平台，支持社会力量举办创业沙龙、创业大讲堂、创业训练营等创业培训活动。

（八）营造创新创业文化氛围。积极倡导敢为人先、宽容失败的创新文化，树立崇尚创新、创业致富的价值导向，大力培育企业家精神和创客文化，将奇思妙想、创新创意转化为实实在在的创业活动。加强各类媒体对大众创新创业的新闻宣传和舆论引导，报道一批创新创业先进事迹，树立一批创新创业典型人物，让大众创业、万众创新在全社会蔚然成风。

三、组织实施

（一）加强组织领导。各地区、各部门要高度重视推进大众创新创业工作，切实抓紧抓好。各有关部门要按照职能分工，积极落实促进创新创业的各项政策措施。各地要加强对创新创业工作的组织领导，结合地方实际制定具体实施方案，明确工作部署，切实加大资金投入、政策支持和条件保障力度。

（二）加强示范引导。在国家自主创新示范区、国家高新技术产业开发区、小企业创业基地、大学科技园和其他有条件的地区开展创业示范工程。鼓励各地积极探索推进大众创新创业的新机制、新政策，不断完善创新创业服务体系，营造良好的创新创业环境。

（三）加强协调推进。科技部要加强与相关部门的工作协调，研究完善推进大众创新创业的政策措施，加强对发展众创空间的指导和支持。各地要做好大众创新创业政策落实情况调研、发展情况统计汇总等工作，及时报告有关进展情况。

第一节　创新思维训练

培养独立思维的创新习惯是从产生问题开始的，思维也是从产生问题开始的。对创新型人才来说，应该养成独立思考、积极思考的习惯，这才有助于人们发现问题、提出问题，走上创新之路。爱因斯坦曾说："发展独立思考和独立判断的一般能力，应当始终放在首位，而不应当把获得专业知识放在首位。如果一个人掌握了他的学科的基础理论，并学会了独立地思考和工作，他必定会找到自己的道路，而且比起那种主要以获得细节知识为其培训内容的人来，他一定会更好地适应进步和变化。"

积累深入思维的经验知识与能力是相互促进、共同提高的。丰富的经验、广博的知识可以推动思维能力的发展。实际上，在思维的过程中，人们提出问题与分析问题，提出假设与验证假设都与其知识和经验的积累息息相关。丰富的知识和经验可以帮助医生有效地诊断病情；可以帮助工人有效地运用技能；可以帮助教师有效地教书育人。在思维实践中，通过深入思考、积累经验，培养思维能力。

在建立合理思维能力的结构体系中，包含分析能力、综合能力、比较能力、抽象能力、概括能力，这五种能力互相联系、互相制约，经过整合完成思维过程。创新型人才要培养突出的思维能力，就必须把这五种能力有机协调、均衡发展，使之成为合理的思维结构。

发展全面思维的基本品质由思维广度、思维深度、思维的灵活性和思维独立性组成。这四种品质在思维能力中占据一定地位，都具有一定作用，对创新型人才而言，最具重要性的是思维的全面性，即要在前面四种基本品质的基础上，发展创新型人才的全面思维品质，这样才能在创新过程中，全面观察问题、分析问题、解决问题。

一、发散思维训练

（一）激发人的好奇心和求知欲

这是培养创造性思维能力的主要环节。影响人的创造力的强弱，主要有三种因素：一是创新意识，即创新的意图、愿望和动机；二是创造思维能力；三是各种创造方法和解题策略的掌握。激发好奇心和求知欲是培养创新意识、提高创造思维能力和掌握创造方法与策略的推动力。实验研究表明，一个好奇心强、求知欲旺盛的人，往往勤奋自信，善于钻研，勇于创新。

（二）培养发散思维和聚合思维

这是发展创造性思维能力的重要方面。在人的创造活动中，要重视聚合思维的培养，更要重视发散思维的培养。当前，各级学校比较重视求同思维的培养而忽视求异思维的训练。这样，在无形之中使学生形成了一个固定的思维模式，严重影响了学生的观察力、好奇心、想象力及主动性的发展。通过这种办法培养出来的只能是知识积累型的学生。发散思维本身有不依常规、寻求变异、探索多种答案的特点。具有良好发散思维的人，一般对新事物都很敏感，所以应重视对学生发散思维的培养。

（三）培养直觉思维和逻辑思维

这是培养创造性思维不可缺少的环节。所谓直觉思维，是指未经逐步分析而迅速对解决问题的途径和答案做出合理反映的思维。如猜测、预感、设想、顿悟等。著名科学家爱因斯坦就具有极强的直觉思维，他在大学时，利用大部分时间在实验室里操作，迷恋于获得的直接经验。这些经验使他从马赫、休谟等人的著作中吸取了合理的思想，抛弃了其唯心论、不可知论的错误观点，从而形成了一整套相对论的观点。[①] 一般来说，知识结构只是一种"间架"，其中存在着很多"缺口"，这些"缺口"对非常熟悉它们的人来说，是非常具有吸引力的因素。有熟悉之感，甚至"心有灵犀一点通"，这是因为过去长期积累的知识和辛勤劳动逐渐在头脑中搭起一座从已知到未知的桥梁。因此，在当前情境启发下，才会表现出一瞬间的直觉反应。但是直觉思维往往不完善、不明确，甚至有时是错误的。要使直觉思维达到完善，需要拥有逻辑思维，它是一个必要的检验、修改和订正的完善过程。因此，应把两者结合起来培养，更有助于创造性思维的发展。

二、逆向思维训练

逆向思维，也称求异思维，它是对司空见惯的似乎已成定论的事物或观点反过来思考的一种思维方式。敢于"反其道而思之"，让思维向

---

① 徐波. 大学生创新创业教育体系构建研究 [D]. 广州：广东财经大学，2018：2-8.

对立面的方向发展，从问题的相反面深入地进行探索，树立新思想，创立新形象。

（一）普遍性

逆向思维在各种领域、各种活动中都有适用性，由于对立统一规律是普遍适用的，而对立统一的形式又是多种多样的，有一种对立统一的形式，相应地就有一种逆向思维的角度，所以逆向思维也有多种表现形式。如性质上对立两极的转换：软与硬、高与低等；结构、位置上的互换、颠倒：上与下、左与右等；过程上的逆转：气态变液态或液态变气态、电转为磁或磁转为电等。不论哪种方式，只要从一方面想到与之对立的另一方面，都是逆向思维。

（二）批判性

逆向是与正向比较而言得出的概念，正向是指常规的、常识的、公认的或习惯的想法与做法。逆向思维则恰恰相反，是对传统、惯例、常识的反叛，是对常规的挑战。它能够克服思维定式，破除由经验和习惯造成的僵化的认知模式。

（三）新颖性

循规蹈矩的思维和按传统方式解决问题虽然简单，但容易使思路僵化、刻板，摆脱不掉习惯的束缚，得到的往往是一些司空见惯的答案。其实，任何事物都具有多方面属性。由于受过去经验的影响，人们容易看到熟悉的一面，而对另一面却视而不见。逆向思维能克服这一障碍，给人以耳目一新的感觉。

三、联想思维训练

联想是由某种事物想到另一事物的思维过程。经常的自由联想可以增强想象力，为进一步的创造或创新奠定基础。

（一）相似联想

相似联想是就事物相似点而形成的联想。比如，奶牛场通过给奶牛听音乐，能提高产奶量的事实，联想到养鸡场如果给鸡听音乐（同样是音乐刺激）是否也能多产蛋。

（二）接近联想

接近联想是由事物相关特性而引起的联想。比如，只要一提起北京，人们就可能会想到长安街、天安门广场、王府井、长城、烤鸭、2008 年奥运会等。

（三）仿生联想

仿生联想是通过生物的生理机能、结构特征和生存现象等产生的相似联想。仿生联想给人类带来了很多创造发明，如为减少空气阻力，将鸟头外形移植到飞机上。

（四）仿形联想

仿形联想是对事物形状的联想。这种联想多用于对产品外形的设计。假山、假花、假树等都是典型的仿形。

以概念为点启发学生联想概念内涵的事物或现象的本质属性及其规律，进而认识概念内涵和外延将随着学生对事物或现象认识的不断深入而逐渐有所变化，以原理内涵的规律性为点联想事物或现象的构成方式和发展趋势。以法则和公式为点既可联想法则和公式形成的物质基础，也可联想法则和公式在解析和运算过程中的具体作用。实践与认识，物质与精神，经济与政治，其中实践、物质与经济是第一性的，实践决定认识，物质决定精神，经济决定政治。认识在实践基础上实现飞跃，精神是物质内在的运动规律的高度概括，而政治是经济的集中表现。虽然如此，认识、精神与政治对其对立面仍会产生积极的影响和作用。如果在实际工作中违背这一基本关系，后果将不堪设想。

类推是联想思维产生的重要手段。重在同类相推、举一反三、触类旁通。主要以一般性的结论推导具体的事物或现象，特殊的属性和运动。如对基本概念内涵认识之后，即可类推解释相同、相似或相反概念的含义和作用。寻求基本概念与一般的具体概念之间的一致性和共同点。如在学了市场这一基本概念之后，以市场概念的基本内涵类推解释商品市场、技术市场、资金市场、信息市场、劳动力市场等市场的具体含义和作用。

想象指凭借一定的媒介和条件，联想在实际生活中暂时没有出现而今后可能出现的事物或现象。预示是一种高层次的联想活动。想象和预示是联想凌空翱翔的重要依托和凭借。只有对规律深刻理解和认识，才能较为自觉地把规律引向实践。只有在理解事物或现象内在联系的基础上才能展开雷厉风行和纵横交错的联想活动，并做出积极的预见和判断。八卦哲学里的断卦其实就是一种联想活动。

四、突破性思维训练

开拓创新能力其实质是一种综合能力，它是各种智力因素和能力品质在新的层面上融为一体、相互作用形成的一种合力。是以智能为基础具有一定科学根据的标新立异。国外一些企业家聘用员工时要求其在受聘的一年时间内必须犯一次"合理错误"，否则将被辞退。

（一）积累知识，增加才干。开拓创新需要胆识，也需要知识和才干。没有知识的积累，缺乏必要的才干，开拓创新就无从谈起。一个人的知识和经验积累得越多，那他开拓创新的能力就越旺盛。因为一个人只有具备丰富的知识与经验，他才能拥有超群的才干、过人的胆识，他才能接受新思想，吸纳新知识，抓住新机遇，创造新成果。

（二）培养想象力。想象力并不只是文学家、艺术家的专利，它是从事任何职业的人都需要的。德尼·狄德罗（Denis Diderot）说过，"想象，这是一种特质"。对需要具备开拓创新能力的当代大学生而言，进一步培养自己的想象力就变得更为重要。爱因斯坦在总结自身经验时指出："想象力概括着世界上的一切，推动着进步，并且是知识进化的源泉。"法国化学家别涅迪克在实验室内发现摔在地上的一只玻璃烧杯，虽布满裂纹却没有破碎。正是这件小事触发了他的想象力，使他研制出了防震安全玻璃。[1]

（三）培养发散性思维能力。发散性思维又称辐射思维、求异思维，是沿着不同方向、不同角度，全方位、多层次地寻找解决问题答案的一种思维方式。一般具有反向思维、侧向思维和多向思维三种形式。具备这一思维能力，对培养自己的开拓创新能力无疑是如虎添翼。

（四）多实践，多动手，多思考，多总结。俗话说，实践出真知。刚毕业的大学生，经验不足，实践太少，很多专业方面的知识只是停留在理论上，需要通过实践，才能慢慢提高开拓创新能力。

第二节　创新思维技法

创新技法是指创造学家收集大量成功的创造和创新的实例后，研究

---

[1] 倪锋. 创新创业概论［M］. 北京：高等教育出版社，2012：27-40.

其获得成功的思路和过程，经过归纳、分析、总结，找出规律和方法以供人们学习、借鉴和仿效。简言之，创新技法就是创造学家根据创新思维的发展规律而总结出来的一些原理、技巧和方法。

一、四问法的创新智慧

四问法是最常用的一种创新技法，它广泛地运用于自然科学、社会科学的理论研究中及社会实践的各方面。但非常遗憾，多数人对这种方法并不了解，或满足于一知半解。

第一问：创新者要明白研究对象是什么。具体来说，对象如果是一个具体的产品，如一台机器，创新者就应该先认识清楚这台机器的结构与功能是什么；对象如果是一项理论成果，如一本专著或一篇论文，创新者则应认识清楚这本专著或这篇文章论述了什么内容。

第二问：创新者要清楚研究对象是怎样形成的。具体来说，就是要明白这台机器是怎样制造出来的，其原理与过程是怎样的。如果是理论成果，则要清楚对方是怎样提出观点和论证观点的。

第三问：创新者还要寻根问底，弄清楚对方为什么制造出这台机器或这个理论成果，其创新动机和目的是什么。

第四问：问自己，我们作为创新者，对我们的研究对象即对方的产品，应该怎样看待？在肯定其优点、找出其不足的同时，找出我们解决问题的思路和方法。

二、纵串横连的创新智慧

纵串横连是用于创新学习和创新研究的一种方法。无论是学习，还是研究，思维对象都不是孤立的、静止的，而是发展变化的，又与其他事物有着密切的关系。

纵串，是指从纵向发展的角度出发，厘清思维对象发生、发展变化的轨迹，找出其内在发展的历时性逻辑。比如，从柏拉图的理念，再到亚里士多德、康德、席勒、黑格尔的理念含义的变化；从德谟克利特的适度到苏格拉底、柏拉图的节制，再到亚里士多德的中庸；从"地心说"到"太阳中心说"，再到现代宇宙理论；还有各门学科的发展史，我们都可以从纵向的角度，用发展的观点去把握对象的发展规律。①

横连，即横向联系，是从横断面的联系中，分析事物之间的联系，也就是通过横向联系，分析同类事物在共时性中的异同。如苏格拉底、柏拉图与孔子之比较，西方的诗画异同论与中国的诗画异同论之比较等，通过比较加强东方与西方的联系，以加深对事物的理解，发现新的意蕴。

纵串横连在实际应用中可以有机交织互相渗透，以便在对事物的分析考察中构成一个立体的思维系统，更有利于从全面整体的角度更好地进行研究。

三、异同比较的创新智慧

异同比较即比较同类事物之间的异同。这种方法旨在通过比较，发现同类事物的共同本质及其特征，也可以认识同类事物各自不同的本质及其特征。比如，自然科学与社会科学都要研究人，而人的本质及其特

---

① 加洛. 非同凡"想"：乔布斯的创新启示［M］. 陈毅骊，译. 北京：中信出版社，2011：67-71.

征是非常丰富的，作为研究者，应该善于发现人与人之间的共同本质与共同特征，还要发现人与人之间的本质差异和区别。又如，对汽车的创新来说，应该先把现有的各种汽车的共性找出来，再找出各种类型汽车的个性特征的优劣，在此基础上，看汽车的共性是否可以改变，其劣势可否予以弥补等。在学术研究中，也可以分析同类的两本著作或论文，找出其相同点及其差异性，从而总结自己的观点。

四、反向思考的创新智慧

反向思考即从相反的方向进行思维的方法。从辩证法的角度来说，世界上没有什么绝对的事情，一切都是相对的、发展变化的。因而，反向思维也体现了一定的辩证思维。

著名人才学家王通讯先生曾举了这样一个例子，针对"水乳交融，油水不合"这一传统说法，现代印刷业采用超声波技术，进行油水混合，再加入一点活性剂，既节省了油，又解决了印刷粘连、印刷品堆放粘连的问题。这个例子说明，"油水不合"是人们过去公认的道理，现在可以从反向角度来肯定油水是可以融合的，关键在于要找出油水不融合转化为油水能融合的原因。又如，北京义利食品厂生产出木糖醇奶糖，满足了糖尿病患者的吃糖需要；理发师由热烫改为化学冷烫；史丰收将传统的从低位算数，改为从高位算数，创造了速算法；医学界则运用反向思考，主张锻炼身体时向后走，可以改变微循环，预防和治疗颈椎痛和腰椎病，强身健体。司马光砸缸也是不自觉地运用了反向思考，而正向思考是把人从水里救出来；反向思考是想办法让水流出来。① 反向思考实质上改变了传统的思维方式，是一种对常规的突破与超越。如果说传统思维更多的是因果联系的线性思维，反向思维则是由果溯因的非线性思维，是一种特殊的换位思考，但要避免简单化和片面化，要根据实际情况做具体分析。

五、相关组合的创新智慧

创新思维还要求创新者发现事物之间的联系。相关组合就是通过把相关的两个事物组合在一起的创新方法。

一般来说，相关的两个事物具有的共同性较多，联系也比较直接。俗话说"远亲不如近邻"，就是因为"近邻"的联系与共同性要比"远亲"更多一些。现代科学非常重视学科之间的交叉，如人才美学、文艺心理学、社会心理学、社会生物学、人口经济学、信息经济学、法律社会学等，都是从两门相关学科的共同点切入进行研究，从而形成一门新的学科。又如，铅笔与橡皮合并，生产出带橡皮的铅笔；蘸笔与墨水瓶合并，生产出钢笔；收音机与录音机合并，生产出收录机；绘画与计算机结合，制出电脑绘画。十几年前市场已生产出圆珠笔与钢笔相结合的新型笔，这都是相关组合创新的结果。

在相关组合中，要注意两点：第一，在学术研究上可以利用相关学科，组合成一门新的边缘学科，这不但有利于人们发现原来学科的性质与作用，还可以在建构学科中发现新学科的性质及相关学科的联系。第

---

① 黄兆信，赵国清，唐闻捷．众创时代高校创业教育的转型发展［J］．教育研究，2015，36（7）：34-39.

二，在创新发明中，相关组合必须考虑组合后的新产品，需要具备原有事物各自的优点，即从整体上优于原有事物。

第三节　TRIZ 创新方法

TRIZ 译为发明问题解决理论。TRIZ 理论成功地揭示了创造发明的内在规律和原理，着力澄清和强调系统中存在的矛盾，其目标是完全解决矛盾，获得最终的理想解。TRIZ 理论是基于技术的发展演化规律研究整个设计与开发过程，而不再是随机的行为。实践证明，运用TRIZ 理论，可大大加快人们创造发明的进程，而且能得到高质量的创新产品。

一、TRIZ 创新方法简介

TRIZ 理论被国内译为发明（或创新）问题解决理论，早期是针对工程类创新问题的一种方法。[①] 该理论是由苏联科学家根里奇·阿奇舒勒（Genrich S. Altshuler）通过分析各国上百万份高水准的发明和设计专利后提出的一套科学方法，其内容包括：问题的分析及定义工具、矛盾的分析及定义工具、具体工程问题的定义、发明原理的定义及使用方法等。TRIZ 通过梳理产品发明进程中发现的技术难点及其解决方法，分析其中蕴含的原理和规律，目的是使 TRIZ 变为人们在产品研发设计

---

① 斯滕伯格.创造力手册 ［M］.施建农，等译.北京：北京理工大学出版社，2005：15.

等相关工作过程中使用的导向性工具。

技术系统进化法是 TRIZ 的重心，其中，发明原理、资源分类、矛盾矩阵都是化解矛盾的有力工具。设计师在利用 TRIZ 创新方法解决问题时，需要先将产品创新设计中遇到的问题，描述为 TRIZ 理论中的一般问题，然后使用 TRIZ 创新工具得出此问题的一般解或模拟解，最后再转换为本领域的特定解。这种流程与头脑风暴有着明显的区别，后者更倾向于设计师在不断思考挖掘的过程中产生设计灵感，相对而言，TRIZ 理论的流程更加清晰。运用 TRIZ 创新方法，能更好地帮助设计师从已有的产品出发，通过 TRIZ 创新方法的理论工具，进行分析和求解，进而提高产生创新效果。

二、TRIZ 的基本观点与流程

TRIZ 认为，一个问题解决的困难程度取决于对该问题的描述或程式化方法，描述得越清楚，问题的解就越容易找到。TRIZ 中，发明问题求解的过程是对问题不断描述、不断程式化的过程。经过这一过程，初始问题最根本的冲突被清楚地暴露出来，能否求解已很清楚，如果已有的知识能用于该问题则有解，如果已有的知识也不能解决，该问题则无解，需等待自然科学或技术的进一步发展。

TRIZ 理论认为，创新设计的本质特征是克服产品过程中出现的冲突问题且不产生负面影响，在新产品的开发过程中往往会遇到这种情况，当改变机器某些方面的参数时，可能会影响到与这些被修改参数相关其他参数的性能，如果这些影响是不友好的，则设计过程中就会出现技术冲突。发明问题解决理论的主要内容是克服设计过程中出现技术冲突，没有克服冲突的设计不是成功的设计，产品的革新与迭代过程就是不断发现产品冲突并解决冲突的过程。

现代 TRIZ 理论体系主要包括以下几方面的内容。

（一）创新思维方法与问题分析方法

TRIZ 理论中提供了如何系统分析问题的科学方法，如多屏幕法等；而对于复杂问题的分析，则包含了科学的问题分析建模方法——物场分析法，它可以帮助我们快速确认核心问题，发现根本矛盾所在。

（二）技术系统进化法则

针对技术系统进化演变规律，在大量专利分析的基础上，TRIZ 理论总结提炼出 8 个基本进化法则。利用这些进化法则，我们可以分析确认当前产品的技术状态，并预测未来发展趋势，开发富有竞争力的新产品。

（三）技术矛盾解决原理

不同的发明创造往往遵循共同的规律。TRIZ 理论将这些共同的规律归纳成 40 条创新原理，针对具体的技术矛盾，可以基于这些创新原理，结合工程实际寻求具体的解决方案。

（四）创新问题标准解法

针对具体问题的物场模型的不同特征，分别对应有标准的模型处理方法，包括模型的修整、转换以及物质与场的添加等。

（五）发明问题解决算法

主要针对问题情境复杂、矛盾及其相关部件不明确的技术系统。它是一个对初始问题进行一系列变形及再定义等非计算性的逻辑过程，实现对问题的逐步深入分析，问题转化，直至问题的解决。

（六）基于物理、化学、几何学等工程学原理而构建的知识库

基于物理、化学、几何学等领域的数百万项发明专利的分析结果构建的知识库，可以为技术创新提供丰富的方案来源。

三、TRIZ 的发明创造原理

TRIZ 理论为了解决工程设计中的技术冲突问题，提出了发明原理的新概念。发明原理是在总结与分析全世界范围内大量的高水平专利的基础上概括与总结出来的，在解决技术冲突问题中具有普遍适应性。40 条发明原理的名称如表 1 所示。

表 1　40 条发明原理的名称

序号	原理名称	序号	原理名称
1	分割	21	紧急行动
2	分离	22	变有害为有益
3	局部质量	23	反馈
4	不对称	24	中介物
5	合并	25	自服务
6	多样性	26	复制
7	嵌套	27	低成本的物体代替昂贵物体
8	质量补偿	28	机械系统代替
9	预加反作用	29	气动与液动结构
10	预操作	30	柔性结构
11	预补偿	31	多孔材料
12	等势性	32	改变颜色
13	反向	33	同质性
14	曲面化	34	抛弃与修复

续表

序号	原理名称	序号	原理名称
15	动态化	35	参数变化
16	超过或未达到作用	36	状态变化
17	维数变化	37	热膨胀
18	振动	38	加速氧化
19	周期性作用	39	惰性环境
20	有效作用的连续性	40	复合材料

1. 分割原理

将物体分成独立的部分，使物体成为可拆卸的，增加物体的分割程度。

2. 分离原理

从物体中拆出"干扰"部分（"干扰"特性）或者分出唯一需要的部分或需要的特性。

3. 局部质量原理

从物体或外部介质（外部作用）的一致结构过渡到不一致结构，物体的不同部分应当具有不同的功能，物体的每一部分均应具备最适于它工作的条件。

4. 不对称原理

物体的对称形式转为不对称形式。如果物体不是对称的，则加强它的不对称程度。

5. 合并原理

把相同的物体或完成类似操作的物体联合起来。把时间上相同或类似的操作联合起来。

6. 多样性原理

一个物体执行多种不同功能，因而不需要其他物体。

7. 嵌套原理

一个物体位于另一物体之内，而后者又位于第三个物体之内等，或将一个物体通过另一个物体的空腔。

8. 质量补偿原理

将物体与具有上升力的另一物体结合以抵消其重量，或将物体与介质（最好是气动力和液动力）相互作用以抵消其重量。

9. 预加反作用原理

如果按课题条件必须完成某种作用，则应提前完成反作用。

10. 预操作原理

预先完成要求的作用（整个的或部分的），或预先将物体安放妥当，使它们能在现场和最方便地点立即完成所需的作用。

11. 预补偿原理

以事先准备好的应急手段补偿物体相对较低的可靠性。

12. 等势性原理

改变工作条件，使物体上升或下降。

13. 反向原理

（1）不实现课题条件规定的作用而实现相反的作用。（2）使物体或外部介质的活动部分成为不动的，而使不动的成为可动的。（3）将物体颠倒。

14. 曲面化原理

用曲线、曲面代替直线、平面。（1）从直线部分过渡到曲线部分，从平面过渡到球面，从正六面体或平行六面体过渡到球形结构。

（2）利用棍子、球体、螺旋。（3）利用离心力，从直线运动过渡到旋转运动。

15. 动态化原理

（1）物体（或外部介质）的特性的变化应当在每一工作阶段都是最佳的。（2）将物体分成彼此相对移动的几个部分。（3）使不动的物体成为动的。

16. 超过或未达到作用原理

如果难于取得百分之百所要求的功效，则应当取得略小或略大的功效。此时可能把课题大大简化。

17. 维数变化原理

（1）如果物体做线性运动（或分布）有困难，则使物体在二维度（平面）上移动。相应地，在一个平面上的运动（或分布）可以过渡到三维空间。（2）利用多层结构替代单层结构。（3）将物体倾斜或侧置。（4）利用投向相邻面或反面的光流。

18. 振动原理

（1）使物体振动。如果已在振动，则提高它的振动频率（达到超声波频率）。（2）利用共振频率。（3）用压电振动器替代机械振动器。（4）利用超声波振动同电磁场配合。

19. 周期性作用原理

（1）从连续作用过渡到周期作用（脉冲）。如果作用已经是周期的，则改变周期性。（2）利用脉冲的间歇完成其他作用。

20. 有效作用的连续性原理

（1）连续工作（物体的所有部分均应一直满负荷工作）。（2）消除空转和间歇运转。

21. 紧急行动原理

高速跃过某过程或其个别阶段（如有害的或危险的）。

22. 变有害为有益原理

（1）利用有害因素（特别是介质的有害作用）获得有益的效果。（2）通过有害因素与另外几个有害因素的组合来消除有害因素。（3）将有害因素加强到不再是有害的程度。

23. 反馈原理

进行反向联系。如果已有反向联系，则改变它。

24. 中介物原理

（1）利用可以迁移或有传送作用的中间物体。（2）把另一个（易分开的）物体暂时附加给某一物体。

25. 自服务原理

（1）物体应当为自我服务，完成辅助和修理工作。（2）利用废料（能的和物质的）。

26. 复制原理

（1）用简单且便宜的复制品代替难以得到的、复杂的、昂贵的、不方便的或易损坏的物体。（2）用光学拷贝（图像）代替物体或物体系统。此时要改变比例（放大或缩小复制品）。如果利用可见光的复制品，则转为红外线的或紫外线的复制。

27. 低成本的物体代替昂贵物体原理

用一组廉价物体代替一个昂贵物体，放弃某些品质（如持久性）。

28. 机械系统代替原理

（1）用光学、声学、味学等设计原理代替力学设计原理。用电场、磁场和电磁场同物体相互作用。（2）由恒定场转向不定场，由时间固定的场转向时间变化的场，由无结构的场转向有一定结构的场。（3）利用铁磁颗粒组成的场。

29. 气动与液动结构原理

用气体结构和液体结构代替物体的固体部分，如充气和充液的结构，气枕、静液的和液体反冲的结构。

30. 柔性结构原理

利用软壳和薄膜代替一般的结构。用软壳和薄膜使物体同外部介质隔离。

31. 多孔材料原理

把物体做成多孔的或利用附加多孔元件（镶嵌、覆盖等）。如果物体是多孔的，事先用某种物质填充空孔。

32. 改变颜色原理

（1）改变物体或外部介质的颜色。（2）改变物体或外部介质的透明度。（3）为了观察难以看到的物体或过程，利用染色添加剂。如果已采用了这种添加剂，则采用荧光粉。

33. 同质性原理

与主物体相互作用的物体，应当由主物体的同种材料（或性质相近的材料）制成。

34. 抛弃与修复原理

（1）已完成自己的使命或已无用的物体部分应当剔除（溶解、蒸发等）或在工作过程中直接变化。（2）消除的部分应当在工作过程中直接再生。

35. 参数变化原理

这里不仅包括简单的过渡，如从固态过渡到液态；还包括向"假态"（假液态）和中间状态的过渡，如采用弹性固体。

36. 状态变化原理

利用相变时发生的现象，如体积改变、放热或吸热。

37. 热膨胀原理

（1）利用材料的热膨胀（或热收缩）。（2）利用一些热膨胀系数不同的材料。

38. 加速氧化原理

（1）用富氧空气代替普通空气。（2）用氧气代替富氧空气。（3）用电离辐射作用于空气或氧气。（4）用臭氧化的氧气代替电离氧气。（5）用臭氧替换臭氧化的氧气。

39. 惰性环境原理

用惰性介质代替普通介质。使用真空环境。

40. 复合材料原理

由同种材料转为混合材料。

第三章

创业机会与创业项目

政策导引

《国务院办公厅关于提升大众创业万众创新示范基地带动作用进一步促改革稳就业强动能的实施意见》（国办发〔2020〕26号）①

大众创业万众创新示范基地启动建设以来，创新资源不断集聚，创业活力持续提升，平台能力显著增强，有力带动了创新创业深入发展。为进一步提升双创示范基地对促改革、稳就业、强动能的带动作用，促进双创更加蓬勃发展，更大程度激发市场活力和社会创造力，经国务院同意，现提出以下意见。

一、总体要求

以习近平新时代中国特色社会主义思想为指导，全面贯彻党的十九

---

① 国务院办公厅. 国务院办公厅关于提升大众创业万众创新示范基地带动作用进一步促改革稳就业强动能的实施意见［EB/OL］. 中国政府网，2020-07-23.

大和十九届二中、三中、四中全会精神，认真落实党中共中央、国务院关于统筹推进新冠疫情防控和经济社会发展工作的决策部署，深入实施创新驱动发展战略，聚焦系统集成协同高效的改革创新，聚焦更充分更高质量就业，聚焦持续增强经济发展新动能，强化政策协同，增强发展后劲，以新动能支撑保就业保市场主体，尤其是支持高校毕业生、返乡农民工等重点群体创业就业，努力把双创示范基地打造成为创业就业的重要载体、融通创新的引领标杆、精益创业的集聚平台、全球化创业的重要节点、全面创新改革的示范样本，推动我国创新创业高质量发展。

二、积极应对疫情影响，巩固壮大创新创业内生活力

（一）落实创业企业纾困政策。切实落实阶段性减免企业社会保险费、缓缴住房公积金等减负政策，根据所在统筹地区政策做好阶段性减征职工基本医疗保险费工作，落实好小规模纳税人增值税减免等优惠政策。落实承租国有房屋房租减免政策，确保惠及最终承租人。鼓励双创示范基地通过延长孵化期限、实施房租补贴等方式，降低初创企业经营负担。优先对受疫情影响较大但发展潜力好的创新型企业加大金融支持力度，简化贷款审批流程，提高信用贷款、中长期贷款比重。

（二）强化双创复工达产服务。进一步提升双创示范基地服务信息化、便利化水平，充分发挥双创支撑平台、工业互联网平台、电子商务平台等作用，推广"一键申领、网上兑现""企业网上跑、政府现场办"等经验，多渠道为企业解决物流、资金、用工等问题，补齐供应链短板，推动全产业链协同。鼓励双创示范基地积极探索应对疫情影响的新业态新模式。政府投资开发的孵化基地等创业载体安排一定比例场地，免费向下岗失业人员、高校毕业生、农民工等群体提供。引导平台

企业降低个体经营者相关服务费，支持开展线上创业。

（三）增强协同创新发展合力。充分发挥双创示范基地大企业带动作用，协助中小企业开展应收账款融资，帮助产业链上下游企业和相关创新主体解决生产经营难题。在符合条件的示范基地加快推广全面创新改革试验经验，探索实施政银保联动授信担保、建立风险缓释资金池等改革举措，为中小企业应对疫情影响提供有效金融支持。

三、发挥多元主体带动作用，打造创业就业重要载体

（四）实施社会服务创业带动就业示范行动。顺应消费需求升级和服务便利化要求，重点围绕托育、养老、家政、乡村旅游等领域，组织有条件的企业、区域示范基地与互联网平台企业联合开展创业培训、供需衔接、信息共享和能力建设，打造社会服务创业带动就业标杆项目，及时复制推广经验成果，吸引社会资本发展社会服务新业态新模式，拓展更大就业空间。

（五）增强创业带动就业能力。加大创业带动就业支持力度，出台支持灵活就业的具体举措。盘活闲置厂房、低效利用土地等，加强对创业带动就业重点项目的支持。加强创业培训与创业担保贷款等支持政策的协同联动，提升创业担保贷款贴息等扶持政策的针对性和及时性。支持有条件的区域示范基地建设产教融合实训基地、人力资源服务产业园，加快发展面向重点群体的专业化创业服务载体。

（六）加强返乡入乡创业政策保障。优先支持区域示范基地实施返乡创业示范项目。发挥互联网平台企业带动作用，引导社会资本和大学生创客、返乡能人等入乡开展"互联网+乡村旅游"、农村电商等创业项目。完善支持返乡入乡创业的引人育人留人政策，加大对乡村创业带

头人的创业培训力度，培育一批能工巧匠型创业领军人才。对首次创业并正常经营1年以上的返乡入乡创业人员，可给予一次性创业补贴。对符合条件的返乡入乡创业人员按规定给予创业担保贷款贴息和培训补贴。对返乡创业失败后就业和生活遇到困难的人员，及时提供就业服务、就业援助和社会救助。

（七）提升高校学生创新创业能力。支持高校示范基地打造并在线开放一批创新创业教育优质课程，加强创业实践和动手能力培养，依托高校示范基地开展双创园建设，促进科技成果转化与创新创业实践紧密结合。推动高校示范基地和企业示范基地深度合作，建立创业导师共享机制。支持区域示范基地与高校、企业共建面向特色产业的实训场景，加快培养满足社会需求的实用型技能人才。促进大学生加强数理化和生物等基础理论研究，夯实国家创新能力基础。实施双创示范基地"校企行"专项行动，充分释放岗位需求，支持将具备持续创新能力和发展潜力的高校毕业生创业团队纳入企业示范基地人才储备和合作计划，通过职业微展示、创业合伙人招募等新方式，拓宽创业带动就业的渠道。

（八）发挥大企业创业就业带动作用。支持大企业与地方政府、高校共建创业孵化园区，鼓励有条件的双创示范基地开展产教融合型企业建设试点。对中央企业示范基地内创业带动就业效果明显的新增企业，探索不纳入压减净增法人数量。发展"互联网平台+创业单元""大企业+创业单元"等模式，依托企业和平台加强创新创业要素保障。

四、提升协同联动发展水平，树立融通创新引领标杆

（九）构建大中小企业融通创新生态。鼓励企业示范基地结合产业

优势建设大中小企业融通发展平台，向中小企业开放资源、开放场景、开放应用、开放创新需求，支持将中小企业首创高科技产品纳入大企业采购体系。细化政府采购政策，加大对中小企业的采购支持力度。鼓励双创示范基地聚焦核心芯片、医疗设备等关键环节和短板领域，建立大中小企业协同技术研发与产业化的合作机制，带动壮大高新技术企业、科技型中小企业规模。瞄准专业细分领域，培育专精特新"小巨人"企业、制造业单项冠军企业。

（十）构筑产学研融通创新创业体系。加强双创示范基地"校+园+企"创新创业合作，建设专业化的科技成果转化服务平台，增强中试服务和产业孵化能力。鼓励企业示范基地牵头构建以市场为导向、产学研深度融合的创新联合体。不断优化科技企业孵化器、大学科技园和众创空间及其在孵企业的认定或备案条件，加大对具备条件的创业服务机构的支持力度。中央预算内投资安排专项资金支持双创示范基地建设，降低对双创示范基地相关支持项目的固定资产投资比例要求。支持有条件的双创示范基地建设学科交叉和协同创新科研基地。优先在双创示范基地建设企业技术中心等创新平台。

（十一）加强不同类型双创示范基地协同联动。搭建双创示范基地跨区域合作交流平台，推广跨区域孵化"飞地模式"，探索在孵项目跨区域梯次流动衔接的合作机制，在资源共享、产业协同、知识产权保护和运营等方面开展跨区域融通合作。推动建设孵化器、加速器、产业园区相互接续的创业服务体系。中央预算内资金优先支持区域一体化创新创业服务平台建设。优化长三角、京津冀和西部示范基地联盟，支持建立中部、南部示范基地联盟。

五、加强创新创业金融支持，着力破解融资难题

（十二）深化金融服务创新创业示范。支持双创示范基地与金融机构建立长期稳定合作关系，共同参与孵化园区、科技企业孵化器、专业化众创空间等创新创业服务载体建设。鼓励以双创示范基地为载体开展政银企合作，探索多样化的科技金融服务。鼓励金融机构与双创示范基地合作开展设备融资租赁等金融服务。支持双创示范基地内符合条件的企业发行双创孵化专项债券、创业投资基金类债券、创新创业公司债券和双创债务融资工具。支持在双创示范基地开展与创业相关的保险业务。支持将双创示范基地企业信息纳入全国知识产权质押信息平台。在有条件的区域示范基地设立知识产权质押融资风险补偿基金，对无可抵押资产、无现金流、无订单的初创企业知识产权质押融资实施风险补偿。

（十三）完善创新创业创投生态链。鼓励国家出资的创业投资引导基金、产业投资基金等与双创示范基地深度合作，加强新兴领域创业投资服务，提升项目路演、投融资对接、信息交流等市场化专业化服务水平。支持金融机构在依法合规、风险可控前提下，与科研院所示范基地和区域示范基地按照市场化原则合作建立创业投资基金、产业投资基金，支持成立公益性天使投资人联盟等平台组织，加大对细分领域初创期、种子期项目的投入。

六、深化对外开放合作，构筑全球化创业重要节点

（十四）做强开放创业孵化载体。鼓励有条件的双创示范基地建设

国际创业孵化器，与知名高校、跨国公司、中介机构等联合打造离岸创新创业基地，提升海外创业项目转化效率。支持设立海外创业投资基金，为优质创新创业项目提供资金支持。

（十五）搭建多双边创业合作平台。优先将双创示范基地纳入多双边创新创业合作机制，支持承办大型国际创新创业大赛和论坛活动。支持双创示范基地建立国际合作产业园、海外创新中心。加强与国际重点城市的创新创业政策沟通、资源融通和链接。支持双创示范基地依托双创周"海外活动周"等举办创新创业重点活动，对接国际创新资源。加强与海外孵化器、国际创业组织和服务机构合作，为本土中小企业"走出去"拓展合作提供支撑。

七、推进全面创新改革试点，激发创新创业创造动力

（十六）探索完善包容创新监管机制。支持双创示范基地深化商事制度改革，营造良好营商环境。在省级政府事权范围内，支持区域示范基地在完善创业带动就业保障体系、建立新业态发展"监管沙盒"、推动各类主体融通创新、健全对创业失败者容错机制等方面开展试点，加快构建创新引领、协同发展的创新创业创造生态。

（十七）深化双创体制改革创新试点。支持企业示范基地重点在建立大企业牵头的创新联合体、完善中央企业衍生混合所有制初创企业配套支持政策等方面开展试点，加快形成企业主体、市场导向的融通创新体系。支持企业示范基地率先试点改革国有投资监管考评制度，建立可操作的创新创业容错机制。支持在具有较高风险和不确定性的业务领域实施员工跟投机制，探索"事业合伙人"方式，形成骨干员工和企业的利益共同体。

（十八）创新促进科技成果转化机制。支持高校和科研院所示范基地在建设现代科研院所、推动高校创新创业与科技成果转化相结合、推进职务科技成果所有权或长期使用权改革、优化科技成果转化决策流程、完善产学研深度融合的新机制、建立专业化技术转移机构等方面开展试点，为加快科技成果转移转化提供制度保障。

第一节 筛选分析创业机会

创业机会识别是创业领域的关键问题之一。从创业过程角度来说，它是创业的起点。创业过程就是围绕着机会进行识别、开发、利用的过程。识别正确的创业机会是创业者应当具备的重要技能。

一、创业机会概述

创业机会以不同形式出现。虽然在以前的研究中，焦点多集中在产品的市场机会上，但是在生产要素市场上也存在机会，如新的原材料的发现等。许多好的商业机会并不是突然出现的，而是对于"一个有准备的头脑"的一种"回报"。在机会识别阶段，创业者需要弄清楚机会在哪里和怎样去寻找。

现有的市场机会。对创业者来说，在现有的市场中发现创业机会，是很自然和较经济的选择。一方面，它与我们的生活息息相关，能真实地感觉到市场机会的存在；另一方面，由于总有尚未全部满足的需求，在现有市场中创业，能减少机会的搜寻成本，降低创业风险，有利于成功创业。现有的创业机会存在于不完全竞争下的市场空隙、规模经济下的市场空间、企业集群下的市场空缺等。

不完全竞争下的市场空隙。不完全竞争理论或不完全市场理论认为，企业之间或者产业内部的不完全竞争状态，导致市场存在各种现实需求，大企业不可能完全满足市场需求，必然使中小企业具有市场生存空间。中小企业与大企业互补，满足市场上不同的需求。大中小企业在竞争中生存，市场对产品差异化的需求是大中小企业并存的理由，细分市场以及系列化生产使得小企业的存在更有价值。

规模经济下的市场空间。规模经济理论认为，无论任何行业都存在企业的最佳规模或者最适度规模的问题，超越这个规模，必然带来效率低下和管理成本的提升。产业不同，企业所需要的最经济、最优成本的规模也不同，企业从事的不同行业决定了企业的最佳规模，大小企业最终要适应这一规律，发展适合自身的产业。

企业集群下的市场空缺。企业集群主要指地方企业集群，是一组在地理上靠近的相互联系的公司和关联的机构，它们同处在一个特定的产业领域，由于具有共性和互补性而联系在一起。集群内中小企业彼此间发展高效的竞争与合作关系，形成高度灵活专业化的生产协作网络，具有极强的内生发展动力，依靠不竭的创新能力保持地方产业的竞争优势。

潜在的创业机会来自新科技应用和人们需求的多样化等。成功的创业者能敏锐地感知社会大众的需求变化，并能够从中捕捉市场机会。

新科技应用可能会改变人们的工作和生活方式，出现新的市场机会。通信技术的发展，使人们在家里办公成为可能；互联网的出现，改变了人们工作、生活、交友的方式；网络游戏的出现，使成千上万的人痴迷其中，乐此不疲；网上购物、网络教育的快速发展，使信息的获取和共享日益重要。

需求的多样化源自人的本性，人类的欲望是很难得到满足的。在细分市场里，可以发掘尚未满足的潜在市场机会。一方面，根据消费潮流的变化，捕捉可能出现的市场机会；另一方面，根据消费者的心理，通过产品和服务的创新，引导需求并满足需求，从而创造一个全新的市场。

二、创业机会的来源

（一）问题

创业的根本目的是满足顾客需求，而顾客需求在没有得到满足时就是问题。寻找创业机会的一个重要途径是善于发现和体会自己与他人在需求方面的问题或生活中的难处。比如，上海有一位大学毕业生发现远在郊区的本校师生往返市区交通十分不便，于是创办了一家客运公司。这就是把问题转化为创业机会的成功案例。

（二）变化

创业的机会大都产生于不断变化的市场环境，环境变化了，市场需求、市场结构必然发生变化。著名管理大师彼得·德鲁克将创业者定义为那些能"寻找变化，并积极反应，把它当作机会充分利用起来的人"[1]。这种变化主要来自产业结构的变动、消费结构升级、城市化加速、人口思想观念的变化、政府政策的变化、人口结构的变化、居民收入水平提高、全球化趋势等多方面。

比如，居民收入水平提高，私人轿车的拥有量将不断增加，这就会派生出汽车销售、修理、配件、清洁、装修、二手车交易、陪驾等诸多

---

[1] 傅世侠，罗玲玲．科学创造方法论：关于科学创造与创造力研究的方法论探讨 [M]．北京：中国经济出版社，2000：4-5.

创业机会。

（三）创造发明

创造发明提供了新产品、新服务，更好地满足顾客需求，同时也带来了创业机会。比如，随着电脑的诞生，电脑维修、软件开发、电脑操作的培训、图文制作、信息服务、网上开店等创业机会随之而来，即使你不发明新的东西，你也能成为销售和推广新产品的人，从而带来商机。

（四）竞争

如果你能弥补竞争对手的缺陷和不足，这也将成为你的创业机会。看看你周围的公司，你能比他们更快、更可靠、更便宜地提供产品或服务吗？你能做得更好吗？若能，你也许就找到了机会。

三、创业机会的识别

创业机会的识别是创业领域的关键问题之一。从创业过程角度来说，它是创业的起点。创业过程就是围绕着机会进行识别、开发、利用的过程。识别正确的创业机会是创业者应当具备的重要技能。

衍生的市场机会来自经济活动的多样化和产业结构的调整等方面。首先，经济活动的多样化为创业拓展了新途径。一方面，第三产业的发展为中小企业提供了非常多的成长点，现代社会人们对信息情报、咨询、文化教育、金融、服务、修理、运输、娱乐等行业提出了更多更高的需求，从而使社会经济活动中的第三产业日益发展。由于第三产业一般不需要大规模的设备投资，它的发展为中小企业的经营和发展提供了广阔的空间。另一方面，社会需求的易变性、高级化、多样化和个性化，使产品向优质化、多品种、小批量、更新快等方面发展，也有力地刺激了中小企业的发展。

其次，产业结构的调整与国企改革为创业提供了新契机。党的十六大报告指出，"要深化国有企业改革，进一步探索公有制特别是国有制的多种有效实现形式，大力推进企业的体制、技术和管理创新。除极少数必须有国家独资经营的企业外，积极推进股份制，发展混合所有制经济"。因此，随着国企改革的推进，民营中小企业除涉足制造业、商贸餐饮服务业、房地产等传统业务领域外，将逐步介入中介服务、生物医药、大型制造等有更多创业机会的领域。面对具有相同期望值的创业机会，并非所有潜在创业者都能把握。成功的创业机会的识别是创业愿望、创业能力和创业环境等多因素综合作用的结果。

第二节　创业项目的选取

一、创业项目选择的基本原则

（一）正当性

对项目方正当性的考察主要包括：

1. 项目方是否有工商登记，项目方的工商登记是否在有效期内。

2. 有的项目方可能会拿着别人的执照蒙事，所以创业者还需要辨别项目方所持执照是否为项目方本人所有。如果项目方提供了资料，要注意资料中的企业名称与其提供的营业执照上的企业名称、经营范围是否一致；如果不一致，需要项目方做出合理解释。签约时，要与营业执照上的法人签约，加盖营业执照上的法人公章。为安全起见，可进一步向发照当地工商机关查询。

3. 按国家对连锁加盟的有关规定，项目方必须满足"2+1"的条件（2个直营店，经营1年以上），才可以进行对外招商，这是国家为保护投资者利益出台的专门政策。

（二）可信性

鉴于连锁加盟中常有骗局，部分加盟者损失惨重，因此在考虑加盟之前，有必要对项目方进行可信性考察。考察的内容主要包括：

1. 项目方提供的办公地址是否真实，是否与营业执照上的地址一致。一般来说，一个企业经营存续期越长，从业历史越久，就越可靠。必要的时候，可以向所在物业查询项目方的租赁期限，交了多长时间的租金，到什么时候为止，还可以查询项目方是否按期交纳房屋租金；从对项目方注册资金的大小，也可以看出其实力和承担违约责任的能力，这都是很细致的工作。

2. 项目方是否经营过别的企业，进行过别的项目招商，结果如何。一些骗子习惯"打一枪"换一个地方，已经形成一种经营"模式"。项目方曾经营过的别的项目都属于公开行为，一定会留下蛛丝马迹，只要投资者够细心，就不难看出破绽。

3. 一些项目方故意夸大其词，做虚假广告，虚报店面数量、营业额等，由于加盟者对这些数字无法核实，容易上当受骗；此外，一些项目方常常宣传自己获奖的情况，如"十佳""最优""白金""白银""最具吸引力""投资者最满意"等，这些奖项往往由某些行业机构、招商组委会和媒体颁发，但其中很多奖项是只要给钱，就会发奖状，钱给得越多，奖状的名称就越唬人。这种颁奖授匾完全是买卖，不值得信任。

（三）风险性

为了让项目做到"保赚不赔"，创业者一定要对项目的风险性进行充分考察。

1. 当你看中一个连锁加盟项目，可以考察该项目已加盟者的经营状况，考察对象可由项目方提供，但最好由加盟者自己选择，在不告知对方的前提下，先以消费者的身份进行观察。考察内容包括店址、每小时客户流量、全天客户流量、产品受欢迎程度、经营者的经营方式、雇员多少、业务熟练程度，估算其成本和投入产出。

2. 以投资者的身份出现，直接向对方询问。一般情况下，如果对方经营状况不佳，对项目方有情绪，反而会向你介绍真实情况；如果经营状况甚好，有可能对你隐瞒，或者介绍情况不真实，以防备竞争，在这种时候，需要投资者有良好的判断力。了解情况后可以将考察的情况与项目方的介绍进行比较，基本可以得出符合实际的判断。创业方在对经营状况不佳的加盟店进行考察时，要调查清楚对方为什么经营状况不佳，有时候是加盟者自己的原因，或是能力不足，或是不听从项目方的指导，投资者一般都喜欢听加盟者的一面之词，因为对方和自己的身份类似，以致错过好项目。不过，如果你觉得自己实在没有能力分辨，就不如宁可信其有，不可信其无，毕竟，对风险承受能力不足的中小投资者来说，投资安全应是考虑的第一因素。

3. 了解项目方在知识产权方面（技术、商标等）和品牌方面是否存在纠纷，是否拥有所有权。

4. 了解项目方的禁忌，在什么情况下可能会被解除加盟连锁资格，了解项目方所设禁忌是否合情合理，在合同中要明确这些细节，如果合同中没有这些内容，可以补充合同进行说明；必要时还要明确已交费用的退还问题，如在什么情况下投资者退出加盟、项目方必须退还保证金等都需要在合同中写清楚。

（四）扩张性

谁都希望生意越做越大，如果一个项目做了35年，仍旧只能是8平方米的店面，每个月几千元的收入，就说明这样的项目缺乏扩张性。

扩张性来自两方面：一是从高层次说，项目方是否拥有将事业做大的决心，是否拥有长期的战略规划。二是从低层次说，项目方在市场扩张上是否能够为投资者提供强有力的支持。连锁加盟项目大多集中于快速消费品、餐饮、小食品、时尚饰品、保健品、新潮家居用品、新潮电子、小家电、社区服务性产业（如美容、美发等），对广告的依赖性都非常强，项目方在广告投放上是否能持续，是否能使广告覆盖一定的范围，必要的时候，项目方能否提供强有力的促销支持，如物质方面的支持和政策方面的支持。

二、创业项目的评估

（一）选择与自己所学专业有关的项目

在每年组织的大学生创业大赛项目中，我们发现，很多学生的创业项目基本上都和所学专业有很大的相关性。这个也是很多大学生选择创业的一个重要原因，因为自己本来就是学这个专业的，自己也想从事所学专业领域的工作，并且在该专业中，自己有一定的技术含量，这也是大学生选择以此作为自己的创业项目的原因。选择与自己所学专业进行创业的，笔者粗略估计，分别有师范类、计算机、美术、音乐、舞蹈、化工、生物、电子信息等专业。因为这些专业在大学生毕业之后基本上很快就可以进行实地操作，并且在项目选择上也比较对口。[①]

有些同学在创业过程中比较迷茫，比如，是选择起步高的还是起步低的创业项目。很多同学会选择起步高的，因为这样他们会感觉到有一定的优势，在竞争中也会有一点优势。除非你选择的创业项目是技术性比较强的，笔者还是建议学生在选择创业项目的时候，先选择小而美的项目。什么是小而美的项目呢？就是周期短、见效快、成本低，在自己可以掌控的范围之内的创业项目。

很多创业项目都是一点一点做起来的，没有哪个项目在启动的时候就拥有一定的市场占有率，任何一个项目在成立之初，都是有很多困难和嘲笑声的。当下的大学生在创业之时，要选择一些小的，仅几人就可以做起来的，不需要很大的资金，也没有非常高的技术含量的项目。创业是一件非常艰辛的事情，都是从0到1的过程，不要太过着急地去做一些事情，首先要有自己的主见，千万不要去跟风。

（二）选择自己擅长的领域

在校学生在选择创业项目的时候，很多学生会选择自己所学专业相关的项目，这是一个比较普遍的事情。因为这样的项目做起来会很熟悉且很熟练，给创业路上的自己一点信心。这里所谓的自己擅长的事情，其实与专业无关，你可能是学习医学的，但是如果你对音乐比较擅长，也可以选择音乐这个领域进行创业。所以创业者在选择的时候，可以选择与自己所学相关的，或者是自己擅长的事情。

---

① 董奇. 儿童创造力发展心理［M］. 杭州：浙江教育出版社，1999：66-67.

三、创业项目的验证 SWOT 分析法

SWOT, S (strengths) 代表长处或优势, W (weaknesses) 是弱点或劣势, O (opportunities) 代表环境中存在的机会, T (threats) 为环境所构成的威胁。[①] 分析方法是将与研究对象相关的各种主要现有的优势、劣势和潜在的机会和威胁分析并列举出来, 然后把各种因素相互匹配起来综合分析, 从而得出一系列相应的结论, 利用得到的结论可以制定出应对策略。

（一）SWOT 分析

SWOT 分析是创业过程中战略制定的一种常用的分析工具, 被广泛运用在战略管理、市场研究、竞争对手分析等环节中。它是将与研究对象密切相关的各种主要内部优势、劣势、机会和威胁等, 通过调查列举出来, 并依照矩阵形式排列, 然后用系统分析的思想, 把各种因素相互匹配起来加以分析, 从而得出一系列相应的结论, 而结论通常带有一定的决策性。

（二）SWOT 矩阵

根据矩阵内容所示, 将排列与考虑的各种环境因素相互匹配起来加以组合, 得出创业企业未来发展的四种战略。

第一, SO 战略, 依靠内部优势去抓住外部机会。如电商专业的大学生利用国家支持大学生创新创业（内在优势）, 共建"一带一路"国家市场未饱和（外在机会）, 那么可以采取 SO 战略去开拓这一国际市场。

[①]　刘仲林. 中国创造学概论［M］. 天津：天津人民出版社，2001：65-73.

第二，WO 战略，利用外部机会改进内部弱点。如面对"互联网+"时代（外在机会），文科类院校的大学生缺乏开发技术的能力（内在劣势），那么可以采用 WO 战略聘请外部的技术人员，或购入一个高技术的计算机公司。

第三，ST 战略，利用创业企业的优势，去避免或减轻外部威胁的打击。如大学生团队人脉广、销售渠道很多（内在优势），但是由于各种限制不允许经营多种类别的商品（外在威胁），那么就应该采取 ST 战略，走集中型、多样化的道路。

第四，WT 战略，直接克服内部弱点和避免外部威胁。如大学生创业团队的产品不够新颖（内在劣势），供应渠道不可靠（外在威胁），则应该采取 WT 战略，强化产品的创意创新，稳定供应渠道，或走联合、合并之路以谋生存和发展。

第四章

组建创业团队

政策导引

《国务院关于大力推进大众创业万众创新若干政策措施的意见》
(国发〔2015〕32号)①

推进大众创业、万众创新，是发展的动力之源，也是富民之道、公平之计、强国之策，对于推动经济结构调整、打造发展新引擎、增强发展新动力、走创新驱动发展道路具有重要意义，是稳增长、扩就业、激发亿万群众智慧和创造力，促进社会纵向流动、公平正义的重大举措。根据2015年《政府工作报告》部署，为改革完善相关体制机制，构建普惠性政策扶持体系，推动资金链引导创业创新链、创业创新链支持产业链、产业链带动就业链，现提出以下意见。

---

① 国务院. 国务院关于大力推进大众创业万众创新若干政策措施的意见〔EB/OL〕. 中国政府网，2015-06-11.

一、充分认识推进大众创业、万众创新的重要意义

——推进大众创业、万众创新，是培育和催生经济社会发展新动力的必然选择。随着我国资源环境约束日益强化，要素的规模驱动力逐步减弱，传统的高投入、高消耗、粗放式发展方式难以为继，经济发展进入新常态，需要从要素驱动、投资驱动转向创新驱动。推进大众创业、万众创新，就是要通过结构性改革、体制机制创新，消除不利于创业创新发展的各种制度束缚和桎梏，支持各类市场主体不断开办新企业、开发新产品、开拓新市场，培育新兴产业，形成小企业"铺天盖地"、大企业"顶天立地"的发展格局，实现创新驱动发展，打造新引擎、形成新动力。

——推进大众创业、万众创新，是扩大就业、实现富民之道的根本举措。我国有 13 亿多人口[①]、9 亿多劳动力，每年高校毕业生、农村转移劳动力、城镇困难人员、退役军人数量较大，人力资源转化为人力资本的潜力巨大，但就业总量压力较大，结构性矛盾凸显。推进大众创业、万众创新，就是要通过转变政府职能、建设服务型政府，营造公平竞争的创业环境，使有梦想、有意愿、有能力的科技人员、高校毕业生、农民工、退役军人、失业人员等各类市场创业主体"如鱼得水"，通过创业增加收入，让更多的人富起来，促进收入分配结构调整，实现创新支持创业、创业带动就业的良性互动发展。

——推进大众创业、万众创新，是激发全社会创新潜能和创业活力的有效途径。目前，我国创业创新理念还没有深入人心，创业教育培训

---

① 数据为 2015 年全国人口总数，我国现今有 14 亿多人口。

体系还不健全，善于创造、勇于创业的能力不足，鼓励创新、宽容失败的良好环境尚未形成。推进大众创业、万众创新，就是要通过加强全社会以创新为核心的创业教育，弘扬"敢为人先、追求创新、百折不挠"的创业精神，厚植创新文化，不断增强创业创新意识，使创业创新成为全社会共同的价值追求和行为习惯。

二、总体思路

按照"四个全面"战略布局，坚持改革推动，加快实施创新驱动发展战略，充分发挥市场在资源配置中的决定性作用和更好发挥政府作用，加大简政放权力度，放宽政策、放开市场、放活主体，形成有利于创业创新的良好氛围，让千千万万创业者活跃起来，汇聚成经济社会发展的巨大动能。不断完善体制机制、健全普惠性政策措施，加强统筹协调，构建有利于大众创业、万众创新蓬勃发展的政策环境、制度环境和公共服务体系，以创业带动就业、创新促进发展。

——坚持深化改革，营造创业环境。通过结构性改革和创新，进一步简政放权、放管结合、优化服务，增强创业创新制度供给，完善相关法律法规、扶持政策和激励措施，营造均等普惠环境，推动社会纵向流动。

——坚持需求导向，释放创业活力。尊重创业创新规律，坚持以人为本，切实解决创业者面临的资金需求、市场信息、政策扶持、技术支撑、公共服务等瓶颈问题，最大限度释放各类市场主体创业创新活力，开辟就业新空间，拓展发展新天地，解放和发展生产力。

——坚持政策协同，实现落地生根。加强创业、创新、就业等各类政策统筹，部门与地方政策联动，确保创业扶持政策可操作、能落地。

鼓励有条件的地区先行先试，探索形成可复制、可推广的创业创新经验。

　　——坚持开放共享，推动模式创新。加强创业创新公共服务资源开放共享，整合利用全球创业创新资源，实现人才等创业创新要素跨地区、跨行业自由流动。依托"互联网+"、大数据等，推动各行业创新商业模式，建立和完善线上与线下、境内与境外、政府与市场开放合作等创业创新机制。

三、创新体制机制，实现创业便利化

　　（一）完善公平竞争市场环境。进一步转变政府职能，增加公共产品和服务供给，为创业者提供更多机会。逐步清理并废除妨碍创业发展的制度和规定，打破地方保护主义。加快出台公平竞争审查制度，建立统一透明、有序规范的市场环境。依法反垄断和反不正当竞争，消除不利于创业创新发展的垄断协议和滥用市场支配地位以及其他不正当竞争行为。清理规范涉企收费项目，完善收费目录管理制度，制定事中事后监管办法。建立和规范企业信用信息发布制度，制定严重违法企业名单管理办法，把创业主体信用与市场准入、享受优惠政策挂钩，完善以信用管理为基础的创业创新监管模式。

　　（二）深化商事制度改革。加快实施工商营业执照、组织机构代码证、税务登记证"三证合一""一照一码"，落实"先照后证"改革，推进全程电子化登记和电子营业执照应用。支持各地结合实际放宽新注册企业场所登记条件限制，推动"一址多照"、集群注册等住所登记改革，为创业创新提供便利的工商登记服务。建立市场准入等负面清单，破除不合理的行业准入限制。开展企业简易注销试点，建立便捷的市场退出机制。依托企业信用信息公示系统建立小微企业名录，增强创业企业信息透明度。

（三）加强创业知识产权保护。研究商业模式等新形态创新成果的知识产权保护办法。积极推进知识产权交易，加快建立全国知识产权运营公共服务平台。完善知识产权快速维权与维权援助机制，缩短确权审查、侵权处理周期。集中查处一批侵犯知识产权的大案要案，加大对反复侵权、恶意侵权等行为的处罚力度，探索实施惩罚性赔偿制度。完善权利人维权机制，合理划分权利人举证责任，完善行政调解等非诉讼纠纷解决途径。

（四）健全创业人才培养与流动机制。把创业精神培育和创业素质教育纳入国民教育体系，实现全社会创业教育和培训制度化、体系化。加快完善创业课程设置，加强创业实训体系建设。加强创业创新知识普及教育，使大众创业、万众创新深入人心。加强创业导师队伍建设，提高创业服务水平。加快推进社会保障制度改革，破除人才自由流动制度障碍，实现党政机关、企事业单位、社会各方面人才顺畅流动。加快建立创业创新绩效评价机制，让一批富有创业精神、勇于承担风险的人才脱颖而出。

四、优化财税政策，强化创业扶持

（五）加大财政资金支持和统筹力度。各级财政要根据创业创新需要，统筹安排各类支持小微企业和创业创新的资金，加大对创业创新支持力度，强化资金预算执行和监管，加强资金使用绩效评价。支持有条件的地方政府设立创业基金，扶持创业创新发展。在确保公平竞争前提下，鼓励对众创空间等孵化机构的办公用房、用水、用能、网络等软硬件设施给予适当优惠，减轻创业者负担。

（六）完善普惠性税收措施。落实扶持小微企业发展的各项税收优惠政策。落实科技企业孵化器、大学科技园、研发费用加计扣除、固定资产加速折旧等税收优惠政策。对符合条件的众创空间等新型孵化机构适用科技企业孵化器税收优惠政策。按照税制改革方向和要求，对包括天使投资在内的投向种子期、初创期等创新活动的投资，统筹研究相关税收支持政策。修订完善高新技术企业认定办法，完善创业投资企业享受70%应纳税所得额税收抵免政策。抓紧推广中关村国家自主创新示范区税收试点政策，将企业转增股本分期缴纳个人所得税试点政策、股权奖励分期缴纳个人所得税试点政策推广至全国范围。落实促进高校毕业生、残疾人、退役军人、登记失业人员等创业就业税收政策。

（七）发挥政府采购支持作用。完善促进中小企业发展的政府采购政策，加强对采购单位的政策指导和监督检查，督促采购单位改进采购计划编制和项目预留管理，增强政策对小微企业发展的支持效果。加大创新产品和服务的采购力度，把政府采购与支持创业发展紧密结合起来。

五、搞活金融市场，实现便捷融资

（八）优化资本市场。支持符合条件的创业企业上市或发行票据融资，并鼓励创业企业通过债券市场筹集资金。积极研究尚未盈利的互联网和高新技术企业到创业板发行上市制度，推动在上海证券交易所建立战略性新兴产业板。加快推进全国中小企业股份转让系统向创业板转板试点。研究解决特殊股权结构类创业企业在境内上市的制度性障碍，完善资本市场规则。规范发展服务于中小微企业的区域性股权市场，推动建立工商登记部门与区域性股权市场的股权登记对接机制，支持股权质押融资。支持符合条件的发行主体发行小微企业增信集合债等企业债券创新品种。

（九）创新银行支持方式。鼓励银行提高针对创业创新企业的金融服务专业化水平，不断创新组织架构、管理方式和金融产品。推动银行与其他金融机构加强合作，对创业创新活动给予有针对性的股权和债权融资支持。鼓励银行业金融机构向创业企业提供结算、融资、理财、咨询等一站式系统化的金融服务。

（十）丰富创业融资新模式。支持互联网金融发展，引导和鼓励众筹融资平台规范发展，开展公开、小额股权众筹融资试点，加强风险控制和规范管理。丰富完善创业担保贷款政策。支持保险资金参与创业创新，发展相互保险等新业务。完善知识产权估值、质押和流转体系，依法合规推动知识产权质押融资、专利许可费收益权证券化、专利保险等服务常态化、规模化发展，支持知识产权金融发展。

六、扩大创业投资，支持创业起步成长

（十一）建立和完善创业投资引导机制。不断扩大社会资本参与新兴产业创投计划参股基金规模，做大直接融资平台，引导创业投资更多向创业企业起步成长的前端延伸。不断完善新兴产业创业投资政策体系、制度体系、融资体系、监管和预警体系，加快建立考核评价体系。加快设立国家新兴产业创业投资引导基金和国家中小企业发展基金，逐步建立支持创业创新和新兴产业发展的市场化长效运行机制。发展联合投资等新模式，探索建立风险补偿机制。鼓励各地方政府建立和完善创业投资引导基金。加强创业投资立法，完善促进天使投资的政策法规。促进国家新兴产业创业投资引导基金、科技型中小企业创业投资引导基

全、国家科技成果转化引导基金、国家中小企业发展基金等协同联动。推进创业投资行业协会建设，加强行业自律。

（十二）拓宽创业投资资金供给渠道。加快实施新兴产业"双创"三年行动计划，建立一批新兴产业"双创"示范基地，引导社会资金支持大众创业。推动商业银行在依法合规、风险隔离的前提下，与创业投资机构建立市场化长期性合作。进一步降低商业保险资金进入创业投资的门槛。推动发展投贷联动、投保联动、投债联动等新模式，不断加大对创业创新企业的融资支持。

（十三）发展国有资本创业投资。研究制定鼓励国有资本参与创业投资的系统性政策措施，完善国有创业投资机构激励约束机制、监督管理机制。引导和鼓励中央企业和其他国有企业参与新兴产业创业投资基金、设立国有资本创业投资基金等，充分发挥国有资本在创业创新中的作用。研究完善国有创业投资机构国有股转持豁免政策。

（十四）推动创业投资"引进来"与"走出去"。抓紧修订外商投资创业投资企业相关管理规定，按照内外资一致的管理原则，放宽外商投资准入，完善外资创业投资机构管理制度，简化管理流程，鼓励外资开展创业投资业务。放宽对外资创业投资基金投资限制，鼓励中外合资创业投资机构发展。引导和鼓励创业投资机构加大对境外高端研发项目的投资，积极分享境外高端技术成果。按投资领域、用途、募集资金规模，完善创业投资境外投资管理。

七、发展创业服务，构建创业生态

（十五）加快发展创业孵化服务。大力发展创新工场、车库咖啡等新型孵化器，做大做强众创空间，完善创业孵化服务。引导和鼓励各类创业孵化器与天使投资、创业投资相结合，完善投融资模式。引导和推动创业孵化与高校、科研院所等技术成果转移相结合，完善技术支撑服务。引导和鼓励国内资本与境外合作设立新型创业孵化平台，引进境外先进创业孵化模式，提升孵化能力。

（十六）大力发展第三方专业服务。加快发展企业管理、财务咨询、市场营销、人力资源、法律顾问、知识产权、检验检测、现代物流等第三方专业化服务，不断丰富和完善创业服务。

（十七）发展"互联网+"创业服务。加快发展"互联网+"创业网络体系，建设一批小微企业创业创新基地，促进创业与创新、创业与就业、线上与线下相结合，降低全社会创业门槛和成本。加强政府数据开放共享，推动大型互联网企业和基础电信企业向创业者开放计算、存储和数据资源。积极推广众包、用户参与设计、云设计等新型研发组织模式和创业创新模式。

（十八）研究探索创业券、创新券等公共服务新模式。有条件的地方继续探索通过创业券、创新券等方式对创业者和创新企业提供社会培训、管理咨询、检验检测、软件开发、研发设计等服务，建立和规范相关管理制度和运行机制，逐步形成可复制、可推广的经验。

八、建设创业创新平台，增强支撑作用

（十九）打造创业创新公共平台。加强创业创新信息资源整合，建立创业政策集中发布平台，完善专业化、网络化服务体系，增强创业创新信息透明度。鼓励开展各类公益讲坛、创业论坛、创业培训等活动，丰富创业平台形式和内容。支持各类创业创新大赛，定期办好中国创新创业大赛、中国农业科技创新创业大赛和创新挑战大赛等赛事。加强和

完善中小企业公共服务平台网络建设。充分发挥企业的创新主体作用，鼓励和支持有条件的大型企业发展创业平台、投资并购小微企业等，支持企业内外部创业者创业，增强企业创业创新活力。为创业失败者再创业建立必要的指导和援助机制，不断增强创业信心和创业能力。加快建立创业企业、天使投资、创业投资统计指标体系，规范统计口径和调查方法，加强监测和分析。

（二十）用好创业创新技术平台。建立科技基础设施、大型科研仪器和专利信息资源向全社会开放的长效机制。完善国家重点实验室等国家级科研平台（基地）向社会开放机制，为大众创业、万众创新提供有力支撑。鼓励企业建立一批专业化、市场化的技术转移平台。鼓励依托三维（3D）打印、网络制造等先进技术和发展模式，开展面向创业者的社会化服务。引导和支持有条件的领军企业创建特色服务平台，面向企业内部和外部创业者提供资金、技术和服务支撑。加快建立军民两用技术项目实施、信息交互和标准化协调机制，促进军民创新资源融合。

（二十一）发展创业创新区域平台。支持开展全面创新改革试验的省（区、市）、国家综合配套改革试验区等，依托改革试验平台在创业创新体制机制改革方面积极探索，发挥示范和带动作用，为创业创新制度体系建设提供可复制、可推广的经验。依托自由贸易试验区、国家自主创新示范区、战略性新兴产业集聚区等创业创新资源密集区域，打造若干具有全球影响力的创业创新中心。引导和鼓励创业创新型城市完善环境，推动区域集聚发展。推动实施小微企业创业基地城市示范。鼓励有条件的地方出台各具特色的支持政策，积极盘活闲置的商业用房、工业厂房、企业库房、物流设施和家庭住所、租赁房等资源，为创业者提供低成本办公场所和居住条件。

九、激发创造活力，发展创新型创业

（二十二）支持科研人员创业。加快落实高校、科研院所等专业技术人员离岗创业政策，对经同意离岗的可在 3 年内保留人事关系，建立健全科研人员双向流动机制。进一步完善创新型中小企业上市股权激励和员工持股计划制度规则。鼓励符合条件的企业按照有关规定，通过股权、期权、分红等激励方式，调动科研人员创业积极性。支持鼓励学会、协会、研究会等科技社团为科技人员和创业企业提供咨询服务。

（二十三）支持大学生创业。深入实施大学生创业引领计划，整合发展高校毕业生就业创业基金。引导和鼓励高校统筹资源，抓紧落实大学生创业指导服务机构、人员、场地、经费等。引导和鼓励成功创业者、知名企业家、天使和创业投资人、专家学者等担任兼职创业导师，提供包括创业方案、创业渠道等创业辅导。建立健全弹性学制管理办法，支持大学生保留学籍休学创业。

（二十四）支持境外人才来华创业。发挥留学回国人才特别是领军人才、高端人才的创业引领带动作用。继续推进人力资源市场对外开放，建立和完善境外高端创业创新人才引进机制。进一步放宽外籍高端人才来华创业办理签证、永久居留证等条件，简化开办企业审批流程，探索由事前审批调整为事后备案。引导和鼓励地方对回国创业高端人才和境外高端人才来华创办高科技企业给予一次性创业启动资金，在配偶就业、子女入学、医疗、住房、社会保障等方面完善相关措施。加强海外科技人才离岸创业基地建设，把更多的国外创业创新资源引入国内。

十、拓展城乡创业渠道，实现创业带动就业

（二十五）支持电子商务向基层延伸。引导和鼓励集办公服务、投融资支持、创业辅导、渠道开拓于一体的市场化网商创业平台发展。鼓励龙头企业结合乡村特点建立电子商务交易服务平台、商品集散平台和物流中心，推动农村依托互联网创业。鼓励电子商务第三方交易平台渠道下沉，带动城乡基层创业人员依托其平台和经营网络开展创业。完善有利于中小网商发展的相关措施，在风险可控、商业可持续的前提下支持发展面向中小网商的融资贷款业务。

（二十六）支持返乡创业集聚发展。结合城乡区域特点，建立有市场竞争力的协作创业模式，形成各具特色的返乡人员创业联盟。引导返乡创业人员融入特色专业市场，打造具有区域特点的创业集群和优势产业集群。深入实施农村青年创业富民行动，支持返乡创业人员因地制宜围绕休闲农业、农产品深加工、乡村旅游、农村服务业等开展创业，完善家庭农场等新型农业经营主体发展环境。

（二十七）完善基层创业支撑服务。加强城乡基层创业人员社保、住房、教育、医疗等公共服务体系建设，完善跨区域创业转移接续制度。健全职业技能培训体系，加强远程公益创业培训，提升基层创业人员创业能力。引导和鼓励中小金融机构开展面向基层创业创新的金融产品创新，发挥社区地理和软环境优势，支持社区创业者创业。引导和鼓励行业龙头企业、大型物流企业发挥优势，拓展乡村信息资源、物流仓储等技术和服务网络，为基层创业提供支撑。

十一、加强统筹协调，完善协同机制

（二十八）加强组织领导。建立由发展改革委牵头的推进大众创业万众创新部际联席会议制度，加强顶层设计和统筹协调。各地区、各部门要立足改革创新，坚持需求导向，从根本上解决创业创新中面临的各种体制机制问题，共同推进大众创业、万众创新蓬勃发展。重大事项要及时向国务院报告。

（二十九）加强政策协调联动。建立部门之间、部门与地方之间政策协调联动机制，形成强大合力。各地区、各部门要系统梳理已发布的有关支持创业创新发展的各项政策措施，抓紧推进"立、改、废"工作，将对初创企业的扶持方式从选拔式、分配式向普惠式、引领式转变。建立健全创业创新政策协调审查制度，增强政策普惠性、连贯性和协同性。

（三十）加强政策落实情况督查。加快建立推进大众创业、万众创新有关普惠性政策措施落实情况督查督导机制，建立和完善政策执行评估体系和通报制度，全力打通决策部署的"最先一公里"和政策落实的"最后一公里"，确保各项政策措施落地生根。

第一节　创业团队概述

一、创业团队的概念

创业团队不同于一般意义上的社会团体，它存在于企业之中，因创

业的关系而联系起来。它的范围比创业搭档团队要大一些。优秀创业团队应具有的基本因素：一个称职的团队带头人；彼此十分熟悉，能够相互配合得很好的团队成员；创业所必需的足够的相关技能。

创业过程是创业者（包括创业搭档团队、创业团队）在创建企业时要经历的基本步骤。在创业过程中所涉及的知识与技能，与一般的管理职能并不完全相同。创业者和创业搭档必须能够发现、评估新的市场机会，并进一步将其发展为一个新创企业，在这一过程中确实存在许多对现存企业进行管理时未予以重视或不那么重要的知识与技能。

二、创业团队的类型

（一）开拓创新能力

创业与创新有着密不可分的联系，创新贯穿创业的全过程。创业者在生产经营活动中必须善于发现和捕获商机，准确地捕捉尚处于萌芽阶段的新事物，提出大胆的推测和构想，继而进行周密的论证，拿出可行的解决方案。不断地创新把企业家与一般管理者区别开来，创业之所以成功，要么是你进入了一个新的市场，要么是你能提供比别人更好的产品与服务，要么是你以更低的成本来提供同样好的产品与服务，这三者都需要创业者具备卓越的创新能力。

（二）领导决策能力

现代管理学认为①，一个命令或信息是否能够引发行动，不在于发出命令的一方，而在于接受的一方。这就说明了决定命令是否得到执行

---

① 董青春，吴金秋．大学生创业教程［M］．北京：北京航空航天大学出版社，2010：85-88.

的关键在于发令者是否具有威望，而这与他的职位无关。这就要求创业者不仅要在技术和管理业务上具备令人信服的才能，而且要有良好的修养和高尚的道德情操。创业者在创办企业的过程中，必须做出许多的决定，当要做出对企业有重大影响的决定而又难以抉择时，作为一个领导者就必须有果断的决策力。

（三）团队协作能力

在这个知识爆炸、信息万变的时代里，许多事情仅靠个人的力量是很难完成的，因而团队整合能力就成为创业者必备的基本能力。团队整合能力的主要表现是通过合作使整个团队更具有凝聚力和战斗力，能够有效地协调个人目标与团队目标，相互尊重，相互信任。对创业者来说，最重要的事情之一就是分散权力。随着业务的增长，不要试图让自己做所有事情，因为创业者不可能有足够的时间、知识和技能来应付每件工作。其次，使成员明确团队的目的，建立公认的限制条件和相互交流的习惯，等等。一个积极向上的工作环境，会培养团队的合作精神。当一个公司上下团结一致时，它建立和保持的发展动力就会得到大幅度提升。一个成功创业家的关键能力，就是把投资人、分析师、合伙人、客户和员工等人的能量转化为积极向上的动力。通过给出创造自信和向组织注入自豪感的目标，激励你的团队把工作做得更好。

（四）风险承担能力

冒险是创业者区别于其他人的显著特征，因此创业者必须具备一定的风险承担能力。创办企业在发展的道路上不可避免地会遇到各种风险和许许多多的不确定因素。成功的创业者能够很好地驾驭这些风险，妥善处理各种不确定因素给企业带来的问题。那些成功的创业者不仅把资金押在了创业上，而且他们把声誉，甚至生命都押在了创业上。他们并不是赌徒，他们是在有计划地冒险。他们在决定冒险时，会非常仔细而且十分准确地计算风险的大小，并且尽可能让事物朝着有利的方向发展。成功的创业者不仅能规避风险，而且能够乐观、清晰地看到创业企业的未来。他们科学地确定目标、部署战略、监督企业的运行，并且始终按照他们所预见的未来加以调整和控制，从而减少了各种可能的风险。同时，他们通过把风险转移给合伙人、投资者、债权人和利益相关者，从而有效地控制了风险。

三、创业团队的组建

（一）确立创业团队的价值观

组建创业团队时，首先要明确组织目标，确立团队的价值观和总体目标。只有有了总体的价值观和目标，才能充分调动各方面的力量和激情，促使大家精诚合作，实现团队的价值。价值观和目标是一个创业团队前行的原动力，是维系企业生存的根本动力所在。

（二）寻找优秀的创业合作者

寻找优秀的创业合作者对于创业团队的形成有着很大的促进作用。要对创业合作者进行分析和观察，判断其责任感与决策力、领导力，通过对商机中的风险的容忍、创造性、自立和适应能力与胜出的动机，来判断其是否适合作为创业的合作者。不能一味地去寻找与自己"志同道合"的合作伙伴，而是要理性、客观分析其适不适合一起合作、是否能为企业带来真正的价值。

（三）明确组织优势，提升竞争力

在创业团队组建过程中，企业要有自己的竞争优势，不断地与所有行业进行横向对比，发现市场的缺口、市场的机遇。同时再与本行业进行纵向对比，找到自己企业在整个行业中的竞争优势，提升企业竞争力。在社会中找到自己团队的位置，在此基础上强化自己的优势，坚定不移地将企业做大，在促进企业健康发展的同时，也实现个人的价值和生命的意义。

（四）塑造企业文化，提高凝聚力

对创业团队而言，不仅要有企业硬实力，同时更要具备企业软实力。企业文化就是企业软实力的重要体现，企业文化对于提高团队的凝聚力有着很重要的作用。就拿咖啡之翼来举例，尹峰说："上善若水、至善咖啡。""我们经营的不仅仅是一个西餐厅，更是都市生活的一种方式。"这种水性法则就是咖啡之翼企业文化的重要体现，它塑造了一种柔性、温和的文化氛围。对大学生创业团队而言，必须塑造自己的企业文化，提升企业的向心力和凝聚力，增强员工之间的合作意识，对于个人的成长、企业的发展都有至关重要的作用。

（五）建立灵活的管理方法和管理制度

建立灵活的管理方法和管理制度是大学生创业团队发展过程中不可忽视的重要一步。大学生学习的知识比较宽泛，加上他们缺少实践经验，所以往往会忽视管理制度的建立。另外，他们对企业的认识不够，很难灵活地应对各种问题。因此，在管理的时候，不能一味地约束和命令，而是要通过商量合作的方式进行沟通。

第二节　创业团队的建设

一、创业团队的建设原则

（一）目标一致

拥有一致的创业目标。在创业团队的组建过程中，首先需要考虑的是团队成员发展目标的一致性，"道不同不相为谋"的理念很好地诠释了这一原则，所以团队的创始人务必要在明确目标的前提下对成员进行多方考察和选择。唯有个人的创业目标同团队的创业目标相一致时，整个团队才能进一步就目标进行阶段规划、细化分解和团队分工。一致的发展目标，是创业团队融合协调、齐心奋斗的基石。

根据马斯洛需求层次理论可知[①]，人类的需求可以按照由低到高的次序分为生理的需求、安全的需求、社交的需求、尊重的需求和自我实现的需求五个层次。因此，团队成员希望在创业过程和结果中获得哪一层次的需求满足，就会相应地做出符合成员个人内心付出与回报的心理平衡想法的行为；而团队成员在组织中的行为又直接决定了其对团队目标所做出的贡献大小，有时甚至成为整个创业项目的成败关键。也就是说，在选择需要长期合作的团队成员时，创始人更应当考虑基于较高层次的尊重需求或者是自我实现需求来选择加入创业团队的人才。因为，

---

① 方勇，李志仁. 高等教育与国家创新体系［M］. 重庆：西南师范大学出版社，2006：9-11.

这类人对于尊重和自我实现的需求是永无止境的，为了实现自身的价值，他们往往能够专注事业，勇敢克服创业路上遇到的挫折和难题、持续地投入高热情、输出高效益。综上所述，创业团队在选择成员时有必要将创业目标一致性、加入目的纳入考察范围，因为这样做有利于团队的稳定和管理建设。

（二）价值观一致

价值观一致对于创业团队的影响主要体现在两方面：第一，可以保证成员在原则性问题上的认知与判断比较一致，不会出现根本上的冲突。这些原则性问题包括是否认同组织发展战略、利益分配机制、职能划分制度、做人做事的基本准则等。一旦团队成员在这些问题上出现不同的看法与观点，便很难再达成共识。因为每个人的价值观念都是经过长期人、事、物影响的，形成之后很难再发生改变。通常情况下，不能达成共识意味着接下来将会产生冲突，而冲突更会影响到整个团队的绩效和发展，所以在创业的过程中，应当尽量避免团队成员价值观多元化，毕竟价值观的磨合是很耗时费心的。第二，高效率地沟通协调。拥有同质性价值观的创业团队，一般会更加积极地探讨和处理企业事务，更易营造浓厚的创业氛围。成员们有着一致的价值观念和愿景设想，就算出现一些问题上的分歧，也能够通过沟通及时地协调整顿，促进团队成长。值得注意的是，团队内部即使价值观一致，摩擦仍然是在所难免的，所以有必要制度先行，建立完善、正式的规章制度，为团队打下制度层面的信任基础，保证各个成员能够在制度的约束下共事。虽然建立制度会在短期内耗费一定的人力、物力，但从长远的角度来看却是降低成本、提高效率的一大保障。因此，创业团队在组建初期应当重视价值观的一致性问题，将其设置为成员吸纳的重要考核因素。

（三）性格互补

性格互补的创业团队更能产生"1+1>2"的协作效果。一般而言，在创业的初始阶段，绝大多数的创业团队成员之间至少具备同学、好友、同事、同行中的一种关系，有着共同的人际关系圈。也正是基于这种相互熟悉、相互信任的亲密关系，大部分创始人会自然而然地从这类人际关系圈中选择创业合作伙伴。然而通过进一步的观察与分析可以发现，很多创始人以及团队中的其他成员从一开始创业就未仔细思考过创业团队需要性格互补的问题，没有分清工作与生活，将个人日常生活的相处融洽程度与性格搭配合适程度混为一谈。这种对于创业团队性格互补原则的不重视，在团队组建初期的影响尚不明显，因为大家几乎把全部的精力投入创业中了。但是随着时间的推移，团队成员个性特征会越来越明显，由个性冲突导致的矛盾也会越来越激化，严重时会导致成员关系破裂、团队重组甚至解散。基于以上分析，不是所有的亲朋好友都适合当合伙人，但是这类有着亲密关系的人际圈仍然是创始人寻求创业团队成员最为快捷、高效的方式。也就是说，创始人应当重视性格互补原则。

（四）知识能力互补

团队成员在知识能力上的互补原则。一个团队在开展创业活动时，必然会有技术、市场、销售、管理等不同类型的工作任务需要成员去分工、承担，如此便产生了知识能力互补的人才需求。一般而言，一个团队的创始人是不可能对企业经营管理的各方面都精通的，所以在引进人才时需要考虑"专才"与"通才"的搭配：既要有技术、营销等方面的人才，又要有具备战略发展眼光的复合型人才，同时还要根据企业实际情况保证合适的"专才"与"通才"的人才比例。另外，从创业资源的角度来看，在引入了不同知识背景的成员时，也就拓宽了整个创业团队的社会关系网络。通过团队成员联系构造起来的社会关系网络，创业团队可以了解到更多的商业信息，加深对创业活动的认知与了解，进而挖掘出尚未被发现的顾客需求，充分调动现有资源去满足顾客需求，努力提高资源利用率，科学合理地吸引外来资源，壮大企业规模，做强、做好企业。

（五）合理明确的创业合伙协议

创业团队需要制定执行合理明确的创业合伙协议。协议不仅仅是对创业团队成员之间权利与义务的保障规范，也是投资者投资决策的重要参考项目。具体来说，主要包括团队成员的出资方式和比例、股权分配、权责划分、项目保护以及项目清算等。从这些主要内容可以看出，创业协议围绕的中心是团队以及其中成员的利益划分问题。一个创业团队如果没有事先制定科学清晰的利益分配方案，将直接影响团队的团结和稳定，不利于团队工作的开展和项目的经营管理，严重时会导致团队的分崩离析。除此之外，伴随着时间的发展，创业项目的经营重点和成员的贡献大小可能会产生一定的变化，这时团队一部分成员的退出和一部分人才的引入是在所难免的，所以创业团队还需要充分考虑协议的灵活性。综合上述分析，创业团队在创业初期必须明确协议框架和内容，必要时应当咨询相关领域的专家，保证协议的科学性和合理性。

二、创业团队的建设与管理

团队建设和管理很重要，任何一项业务都不能由一个人独立完成，因此不管是项目组的小团队建设还是公司的大团队建设，加强团队建设与管理都具有不可替代性。[①]

针对公司实际，加强团队建设与管理，应该做好以下几点。

（一）各负责人要注重自身素养的提高，做好团队建设与管理的"头"

我们每个项目负责人（项目经理），应该是负责各自项目中各项目标的实现，并带领团队共同进步。他既是管理者，又是执行者；既是工作计划的制订者，又是实施计划的领头人，作为团队的"头"，其个人素质起着至关重要的作用。要做好这支团队的领头羊，不仅要用平和之心客观公正地对待营业处的每件事和每个人，更重要的是全面提高自身素质。

（二）打造团队精神，建立明确共同的目标

打造团队精神，首先要提出团队目标，抓好目标管理，没有目标，团队就失去了方向。因此，建立一个明确的目标并对目标进行分解，同时通过组织讨论、学习，使每一个单位、每一个人都知道本单位或自己所应承担的责任、应该努力的方向，这是团队形成合力、劲往一处使的前提。

（三）抓规范，抓执行，营造积极进取、团结向上的工作氛围

衡量一个公司管理走上正轨与否的重要标志就是制度、流程是否被公司员工了解、熟悉、掌握和执行，是否有监督和保障措施。让员工熟悉、掌握各类制度、流程，不但是保证工作质量的需要，而且是满足公司长远发展和员工快速成长的需要。事实证明，没有一套科学完整、切合实际的制度体系，管理工作和员工的行为就不能做到制度化、规范化、程序化，就会出现无序和混乱，就不会产生井然有序、纪律严明的

① 郭绍生.大学生创新能力训练［M］.上海：同济大学出版社，2010：52-71.

团队。所以要从小团队做起，要运用各种形式，加大学习力度，抓执行力，抓落实兑现。

（四）用有效的沟通激活团队建设，建立良好的工作氛围

沟通是维护团队建设整体性的一项十分重要的工作，也可以说是一门艺术。如果说纪律是维护团队完整的硬性手段的话，那么沟通则是维护团队完整的软性措施，它是团队的无形纽带和润滑剂。沟通可以在团队建设中做到上情下达、下情上达，促进彼此的了解；可以消除员工内心的紧张和隔阂，使大家身心舒畅，从而形成良好的工作氛围。

（五）用好考核激励机制，使员工不断进步

考核是一种激励和检验，它不仅检验每个团队成员的工作成果，也向团队成员宣示公司的价值取向，倡导什么，反对什么。因此，它同样关系到团队的生存和发展。

第五章

创新创业典型案例①

案例类型一：思维方法

1. 大学生开店卖菜创业

"谢谢光临大学生菜铺，您走好！"大学生杨某热情地招呼着前来买菜的市民。当地村民说：山旮旯儿里出来的年轻学生敢想敢做，真是不简单。

杨某来自一个偏远山村，去年他途经南瓜村时，发现在那里卖菜有一定的市场潜力，于是，多次观察、调查、摸底后，他决定在附近租下一间门面，揣着拼凑起的不多的创业资金，进货开张了！现在，南瓜村几乎无人不知"大学生菜店"。"刚开始，我们是冲着他是大学生来的。"到过他店里的顾客说，"后来发现，这里所有的菜不仅价格不贵，还很新鲜。""这可是花了工夫的。"杨某说，他每天凌晨3点就要前往

---

① 本章案例由赛云九洲科技股份有限公司提供。

集贸市场进货，来回近 2 个小时，另外，他还煞费心机地把日常蔬菜的食用功能贴了出来，让顾客一目了然。

附近其他菜摊的经营户对这名大学生竞争者较宽容。他们笑道："小伙子有想法，就是大材小用了点，耽误了学习就有点不值得了。""卖菜和学习的确存在时间冲突。"杨某说，"遇到上课，就关门不做生意了。中午 12 点至下午 4 点以及晚上 6 点后，几乎无人买菜，我就会抓紧时间睡觉、看书，在同学们的帮助下，学习并没有落下。"

2. 高校毕业生卖鸡蛋成为十大杰出青年

某知名大学工商管理专业学生马某，毕业以后并未到企事业单位工作，而是怀着建设家乡的梦想开始创业，运用所学知识投身新村建设，创办自己的产业，开始卖鸡蛋。三年来，他将鸡蛋产业做强做大，成为村里最年轻的新村建设的知名人士。

当年决定回乡卖鸡蛋，马某也曾十分犹豫。但是，面试了几家公司后马某发现，自己对专业行业缺少某种热情，而对于生活了二十多年的农村，却有着深厚的感情。马某告诉记者，大学里他曾经有过多次实习，在那些企业里，他看到了工业、金融业在信息化方面取得的成就，也见惯了工业企业的先进管理模式。相比之下，父亲那种传统的农业操作模式，养鸡、鸡生蛋、卖蛋，长年不变的模式让他深感农业发展的落伍。基于这样的考虑，马某做出了一个改变他人生轨迹的决定——回乡、养鸡、卖蛋。

得知马某的决定，一向支持他的父亲和女友都有些犹豫，家中的亲戚朋友更是议论纷纷，同学也觉得他傻："随便找个工作，也比卖鸡蛋体面呀！"而年轻的马某却下定决心，他告诉母亲，自己和父亲虽然同样是卖鸡蛋，但他不仅仅靠母鸡，更靠科技，会走出不一样的路来。

2020年年底，凭着大学四年学到的专业知识以及对鸡蛋的初步了解，他开始了在农企里的第一步：开发一个鸡蛋质量查询系统。为此，他还求助精通计算机的大学同学和朋友，经过半年的探讨、实验，终于研制开发出"丰收"鸡蛋的"网上身份查询系统"，这在他所在市所有农产品中属于首例。

从此，"丰收"鸡蛋的包装盒中多了一张薄薄的卡片，提醒消费者可以根据卡片上标明的查询号码和生产日期，到市农业网上查询与这盒蛋有关的产蛋鸡舍、蛋鸡周龄、蛋鸡品系、饲料饮水及检验结果等信息，甚至还能看到鸡舍及员工消毒、喂养的视频画面。从此，市民购买"丰收"鸡蛋更放心了。而消费者放心的结果，带来的是经济效益的增长，有了身份证的鸡蛋销量大增，仅2021年后半年的时间，"丰收"鸡蛋的销量就比上年同期增长了2.5倍。

年轻有创意的马某于是从包装开始重新打造自家的鸡蛋品牌，他逐一设计修改了"丰收"鸡蛋的包装，将"父亲时代"那些缺乏时代气息的包装，改造成了时尚、方便的包装。不到半年时间，厂里95%的鸡蛋包装都被他改过了，并且所有的鸡蛋身上也都打上了"丰收"两个字。

包装改得差不多的时候，马某灵活的脑子又转出了新的念头。2022年年底的市面上就出现了丰收"头窝鸡蛋"的身影，并且受到市民的欢迎。由于"头窝鸡蛋"数量有限，价格自然比普通鸡蛋翻了一倍多。这样算下来，单凭"头窝鸡蛋"，公司一年的利润翻番。一步步走向成功的马某，用自己的实力证明了自己进入这一行的决心，也逐渐改变着一直对他担心不已的父母和女友的想法。

3. 社交平台经营养生粥

姜某是一位刚毕业的大学生，他来到深圳看到早餐粥铺的生意十分红火，也想在广州开家早餐粥铺。他应聘到一家粥铺打杂，边工作边请教师傅，学习粥的制作工艺和操作要领，学艺一年后，姜某开始了自己的创业生涯，通过传统的粥制作工艺，创新工艺，以养生理论为依据，推出系列化的养生粥，并租了一个门面，开了"养生粥"粥店。

广州人喝粥味道较浓，偏重调味。为此姜某深入生活，在充分调研的基础上不断变化粥的种类、味道，并在清淡的基础上加了些甜品，经过精心改造，他熬出的粥体现出了广州风味。但毕竟是小本生意，一开始小店的收入连租金都付不起。

姜某充分借助现有的社交网络平台，采用"线上+派送"的销售模式。这个想法是社交平台的一位经营思路很缜密的网友提供的。通过长期的聊天，对方得知他是粥铺的老板，一天夜里，对方忽然问他：能不能送碗粥过去？姜某告诉对方，自己很乐意为他服务，然后姜某迅速打包了一碗粥，急速地骑着自行车去往对方的公司。本来那位网友也只是随便说说并没有抱太大希望，但是，当姜某冒着风雨端着自己煲制的粥来到他眼前时，他被感动了。姜某的到来也引起了公司其他人的注意，见他送来的粥十分地道，其他人也向他提出了送餐的请求。自此以后他便与这家公司里的很多人熟悉了，他们常常通过社交平台如微信、美团等订购他的粥，还请他捎带送些馒头、包子。

既然社交平台能联络客人，何不好好利用这个工具挣钱呢？于是姜某在自己微博、微信、QQ等平台将公司资料进行设置，同时留存了店名及联系方式，需要者可随时在网上订餐。

姜某在网络上结交的朋友越来越多，时间久了，那些加班族便开始通过微信、QQ 等平台，前来找他订餐。姜某的粥铺生意转眼就走出了困境。为了让更多的人知道和了解他这种独特的送餐方式，他随后又印制了大量的精美名片和宣传单。

如今，姜某的这种网络订餐方式已经引起了大型饭店的关注，许多宾馆、饭店已经开始研究他的这种独特的服务方式，并加以借鉴。姜某说，他准备成立一个 QQ 送餐公司，在全国各地开连锁店。这就是早期利用互联网实现线上销售、线下派送的雏形。

4. 一支铅笔有多少种用途?

纽约里士满区有一所穷人学校，它是在经济大萧条时期创办的。20世纪末，一位名叫大卫的人有一次在做调研时发现，50 多年来，该校毕业的学生在纽约警察局的犯罪记录最低，大卫对此很感兴趣。

大卫为延长在美国的居住期，他突发奇想，上书纽约市市长，要求得到一笔市长基金，以便就这一课题深入开展调查。当时市长正因纽约的犯罪率居高不下受到选民的责备，于是在看到大卫的请求后市长很快就同意了，给他提供了较大金额的课题资助经费。

大卫凭借这笔钱，展开了漫长的调查活动。从 80 岁的老人到 7 岁的学童，从牧师的亲属到在校的教师，总之，凡是在该校学习和工作过的人，只要能打听到他们的住址或信箱，他都要给他们寄去一份调查表，在将近 6 年的时间里，他共收到 3756 份答卷。在这些答卷中有74% 的人回答，他们知道了一支铅笔有多少种用途。

大卫本来的目的，并不是真的想搞清楚这些人到底在该校学到了些什么，他的真实意图是以此拖延在美国的时间，以便找一份与法学有关的工作。然而，当他看到这个奇怪的答案时，再也顾不了那么多了，决定马上进行研究，哪怕报告出来后被要求立即回国。

大卫走访了纽约市最大的一家皮货商店的老板，老板说："是的，当地牧师教会了我们一支铅笔有多少种用途。我们入学的第一篇作文就是这个题目。当初，我认为铅笔只有一种用途，那就是写字。谁知铅笔不仅能用来写字，还有很多用途，比如，必要时能当作尺子画线；能作为礼品送人表示友爱；能当商品出售获得利润；铅笔的芯磨成粉后可做润滑粉；演出时也可临时用于化妆；削下的木屑可以做成装饰画；一支铅笔按相等的比例锯成若干份，可以做成一副象棋，可以当作玩具的轮子；在野外有险情时，铅笔抽掉芯还能被当作吸管喝石缝中的水；在遇到坏人时，削尖的铅笔还能作为自卫的武器……总之，一支铅笔有无数种用途。牧师让我们这些穷人的孩子明白，有着眼睛、鼻子、耳朵、大脑和手脚的人更是有无数种用途，并且任何一种用途都足以使我们生存下去。我原来是个电车司机，后来失业了。现在，你看，我是一位皮货商。"

5. 寻找市场空白，从基础做起

美国一个名叫米勒的青年，靠打工赚了一些钱，于是他想利用这些钱自己做点事情。他的叔叔是一家饭店的老板，叔叔劝他也经营饭店，因为餐饮业是一个很赚钱的行业。但当时米勒找不到好的门面，地点不好，招不来顾客，生意自然不可能好起来。于是米勒开始早出晚归到处寻找适合的地点，一连十几天过去了，他也没有找到合适的地点。但是他发现了一个普遍的现象，整个纽约各种高中低档饭店林立，即使有合适地点开一家这样的饭店，竞争也太过激烈，尤其是很难与一些老品牌且多功能的大饭店抗衡。

米勒注意到，在纽约的许多工地上没有食堂，工人们要到很远的地方买饭吃，很不方便。于是米勒决定开一间可移动的"车轮快餐店"，专门为那些在野外工作或旅游的人服务。他购买了一辆二手的三轮货车，并购置了大量的保温和冷藏器具，将制作好的各种食物及饮料运送到各个工地、旅游点出售。

他还在不同媒体上刊登广告，承接各种野外工作或旅游的食品订购，无论多远多偏，保证按时送到。那些在野外进行测量、影视拍摄、基建装修、道路工程抢修的人员，只要打电话预约，即可在约定时间收到食品。很多人喜欢周末全家开车到郊外度假，他们也喜欢订购各种能送到现场的食品。由于这种可移动的"车轮快餐店"抓住了野外市场的饮食需求，填补了市场空白，生意十分兴旺。

案例类型二：创业技巧

1. 创业者怎样做才能长期盈利

对小本生意经营者来说，怎样能长期盈利，并慢慢做大，最重要的是服务，用优质的服务赢得顾客为首要。

小本生意经营者如果被动地随波逐流，可能永无出头之日。其实，经济越发达，社会越进步，人们的需求就越细化。事实上，大市场之间一定存在着大企业无暇顾及的缝隙市场，它非常适合小本经营。因此，小额投资者应该解放思想，拓展思路，摒弃固有、狭窄、强化的思维模式，从更长远的时空上把握市场运作规律，深入研究消费需求，独辟蹊径，致力于经营人无我有、人有我优的商品和服务，巧占市场盲点。如经营与大商店商品相配套、相补充的商品；在三百六十行之外开辟擦洗、接送服务等新的行业以及新奇的商店、夜市等，为消费者提供多层次的便利服务。

俗话说："三分利吃饱饭，七分利饿死人。"利润虽微薄，但容易在价格上形成优势，从而靠销量来弥补价格上造成的损失。小本经营资本相当有限，最怕造成商品积压，资金无法周转，包袱越背越重，影响下一步的经营，形成恶性循环。尽管明白道理，但薄利多销，却是小本经营者最易忽视的经营方针。市场上经营者欺诈行为多体现在小公司、小商贩身上，最终害人又害己，成为短期的小本生意。

商家为了促销，有的打价格战走薄利多销之路，有的给顾客赠物返券，有的举办活动抽奖回报，有的借媒体之势大做广告，可谓费尽心机、想尽办法，但这些司空见惯的促销手段效果往往都不是太好。经营灶具生意的杨老板，想出了"买灶具免费送婚礼录像"这一揽客的绝招，一时间吸引了很多新婚夫妇上门购买灶具，生意比同行好得多。

资本雄厚的大企业经营重"守"，做小生意的小本经营重"走"。资本雄厚的企业，可以通过各大媒体发布促销广告，利用自身优越的经营环境、齐全配套的商品和服务，等顾客主动上门。小本生意经营者一般经营的是日常生活用品，容易和顾客建立稳定的联系，因此流动销售和送货上门的方式往往更能迎合顾客的需求。

2. 小本创业：锦上添花

20 世纪 90 年代，手机刚来到我们身边的时候还是稀罕物，当时习惯叫大哥大，名称不像是一种通信产品，倒颇像某位江湖人士的匪号。在当时，手机就是身份和地位的象征。走到街上，经常可以看到有人手里拿着像砖块儿似的东西站在马路中央，两眼朝天哇哇乱叫，碰到这种情况，过往的车辆都得绕着走。

李俊峰（化名），农民出身，致富成功前最大的愿望就是能够拥有一部自己的手机。21 岁的他出门打工，经过 5 年的努力和打拼，才真正拥有了第一部属于自己的手机。但当时，手机已开始融入老百姓的生活中，走在城市街头，虽不说人手一部，也相差不远了。对于好不容易才奋斗到手的一样宝物转眼间便泯灭于芸芸众生之中，李俊峰很不甘心。他总想使自己的手机有点特色，与众不同。他没有钱赶潮流经常更换手机，于是就想到了一种换汤不换药的办法。当时有一种小贴纸，本来是让人贴在墙上或书包上做装饰用的，他却用来贴在手机上，结果效果还不错，真能够产生"区别众生"的效果。后来他将这种贴纸改进，在上面打印上自己喜欢的图案，再压上一层塑料膜。因为不是手机装饰专用贴纸，这些工作做完后还要用刻刀比着手机的大小和形状对贴纸进行"雕刻"和修改，然后才能贴到手机上。经过这样"改装"的手机，不仅区别众生，而且超越众生，在众多手机中显得那样与众不同，李俊峰的虚荣心得到了极大的满足。

不过，这也给他惹来了"麻烦"，同事们不断要求他帮忙"改装"手机。这使他几乎丧失了所有的休息时间，每天下班后就趴在那里给同事们做手机贴纸，进行手机美容。到后来，一些朋友的朋友为了排在别人前面得到他的手机贴纸，甚至愿意出钱购买他的贴纸，李俊峰这才发现原来这些贴纸还可以赚钱！随着愿意出钱买他的手机贴纸的人越来越多，到21世纪初，李俊峰干脆辞了职，拿出 6 年打工的全部积蓄，在北京西单的一家商场租了一小截柜台，正式开始做起了手机贴纸和手机美容的生意。

李俊峰依靠一片小小的手机贴纸，成立了自己的公司。他不但自己做，还发展加盟代理，旗下已拥有加盟代理商数十家。一片小小的手机贴纸，3 年来已为李俊峰带来了巨大的经济效益与利润，以后还会给他带来多少收益，谁也不知道。不仅是手机贴纸，李俊峰还开拓了手机添香、手机水晶刻印、手机镶钻等 30 多种手机美容业务，生意火爆。

如果你能将此类衍生业务与其他行业的业务有机地结合起来，会赚更多钱，如杭州的创业者就是将手机短信与体彩、福彩结合起来，创造了一个手机短信、网络即时通信彩票分析和彩友交流的新市场。

3. 创业模式：美容美发店的 Uber

Tye Caldwell 是一位有着 25 年美容行业经验的美发店老板，还是一位出版了美容行业畅销书的作者，更是一个拥有美容专业博士学位的博士。他和妻子创办了一家美容美发行业的 B2B 公司 ShearShare，做的是共享理发店的生意，可以把理发店空闲的椅子共享给自由职业者的理发师，相当于是美容美发店的 Uber。创立 ShearShare 要从 2012 年说起，在德州拥有一家美发店的 Tye Caldwell，正对着店里每天闲置的 5 张椅子发愁，正好一位朋友来电，询问他美发店是否有空椅子可以出借给另一位发型师朋友，因为那位发型师需要在德州工作几天。这正好解决了 Tye 的理发店椅子闲置的问题，他欣然同意，只要确定发型师有牌照就好。因为在美容行业 20 多年，Tye 身边总有不同的设计师朋友，此后这类出借空椅子的生意也越来越多。因为出借前，需要与设计师沟通工作牌照、自己店里已有的工具、设计师需要的工具、出借的价格等多种事项，随着出借的频率增加，Tye 有时还拉上身处咨询行业的妻子 Courtney 一起帮忙。仅靠人工处理的话太累，效率也低，于是 Tye 希望找一个 APP 来处理这些前期事项，但 Tye 搜索了很多应用程序，发现更多 APP 关注的是消费者的预订、美发师上门等服务，这些都是 2C 的。既然没有，那不如自己开发一个，夫妻俩特意咨询了身处硅谷的工程师朋友，朋友建议他们行动，于是就有了 ShearShare。目前 ShearShare 只有 Tye 和妻子两个人，写程序的工程师都是他们"租"来的，在他们看来，这样更为高效，也更省钱。想租理发室空闲位置的发型师可以在 ShearShare 上轻松地找到合适的理发店，店主通过 APP 轻松收取出借费用，ShearShare 则向设计师和店主共收取 20%的服务费。目前 ShearShare 公司只有 Tye 和妻子两个人，Tye 和 Courtney 想尽办法拓展市场，比如，在 Instagram 等社交平台上展示新加入的美容美发店和设计师，帮助他们推广，还亲手给每一个新加入的美发店写感谢信，赠上带有 LOGO 的贴纸。

案例类型三：传经解道

1. 小本创业怎样当上大老板

对我们普通人来说，创业只能从小本生意着手，但小有小的做法，懂得经营策略，小买卖一样成就大老板。

（1）搞好调研

有人以为小额投资没有必要进行可行性研究，这是一个错误且幼稚的思维和想法。许多朋友想用有限的投资雄心勃勃干一番自己的事业，这自然是好事。但缺乏信息指导，不做市场调查，不进行专业机构或专家的信息咨询等活动，项目的建设、生产、管理、运营等方面缺乏科学指导。

（2）把准时机

家电专卖店老板陈某谈了他对这一问题的看法。他说："不久前出差到某一城市，正赶上发行福利彩票，几十万人流向发行点，此时就是绝好的时机。那么多人需要喝水、吃饭，若每个人平均消费3元，就有近百万元的生意可做。事实上，不少下岗职工在那儿摆摊、卖盒饭、卖饮料。当时因下雨，地上泥泞难行，有心人灵机一动，批发来大量塑料脚套，结果供不应求，发了一笔不小的财。"

（3）从小做起

经商并不是一种简单劳动，同样的产品，同样的经营模式，有的能卖出去有的却积压，为什么呢？事实上，企业经营产品销售的过程看似简单，实则复杂。比如，进货，地点不同价格不一样，而且有真有假，质量有高有低；在销售时向顾客推销的方法，如何了解他们的心理活动对创业者而言，这些都是必须学习和掌握的。然而，这些知识在书本上很难找到，要靠自己在实践中去体味，这就需要时间。因此，初涉商海者应该先从小本生意做起，因为小本生意的失误影响不大，通过做小本生意的磨炼，有了一定的经验再去做大生意。

（4）不赶热门

生意砸锅的投资者的一个通病就是赶"热门"，看到别人做什么赚钱也跟着去赶热门，但是成功的投资者，绝对不去赶"热门"，甚至是留心钻"冷门"，做那些有市场需求或有某种潜在需求，却又没有人做的事情。要研究人们生活中还有哪些不便，能不能通过某种服务或产品解决人们生活的不便，这就是"难点即市场"的道理。

2. 为什么我们总是比别人收益少？

为什么干活的总是拿得少的，拿得多的都是不干活的？现在，我们先来看看下面的一篇文章，相信你一定可以从中看出为什么我们总是比别人赚钱少的原因。

一条猎狗将兔子赶出了窝，一直追赶它，追了很久仍没有捉到。牧羊看到此种情景，讥笑猎狗说："你们两个之间小的反而跑得更快。"猎狗回答说："你不知道我们两个的跑是完全不同的！我仅仅为了一顿饭而跑，它却是为了性命而跑！"

（1）目标

这话被猎人听到了，猎人想：猎狗说得对啊，那我要想得到更多的猎物，得想个好法子。于是，猎人又买来几条猎狗，凡是能够在打猎中捉到兔子的，就可以得到几根骨头，捉不到的就没有饭吃，这一招果然有用，猎狗们纷纷努力追兔子，因为谁都不愿意看着别人有骨头吃，自己没得吃。就这样过了一段时间，问题又出现了。大兔子非常难捉到，小兔子却很好捉。但捉到大兔子得到的骨头和捉到小兔子得到的骨头差不多，猎狗们善于观察，发现了这个窍门，专门去捉小兔子。猎人对猎狗说："最近你们捉的兔子越来越小了，为什么？"猎狗们说："反正没有什么大的区别，为什么费那么大的劲去捉那些大的呢？"

（2）动力

猎人经过思考后，决定不将分得骨头的数量与是否捉到兔子挂钩，而是采用每过一段时间，就统计一次猎狗捉到兔子的总重量，按照重量来评价猎狗，决定一段时间内的待遇。于是猎狗们捉到兔子的数量和重量都增加了。猎人很开心。但是过了一段时间，猎人发现，猎狗们捉兔子的数量又少了，而且越有经验的猎狗，捉到兔子的数量下降得越厉害，于是猎人又去问猎狗。猎狗说："我们把最好的时间都奉献给了您，主人，但是我们会随着时间的推移变老，当我们捉不到兔子的时候，您还会给我们骨头吃吗？"

（3）长期的骨头

猎人做了论功行赏的决定。分析与汇总了所有猎狗捉到兔子的数量与重量，规定如果捉到的兔子超过了一定的数量后，即使捉不到兔子，每顿饭也可以得到一定数量的骨头。猎狗们都很高兴，大家都努力去达到猎人规定的数量。一段时间过后，终于有一些猎狗达到了猎人规定的数量。这时，其中一只猎狗说："我们这么努力，只得到几根骨头，而我们捉的猎物远远超过了这几根骨头。我们为什么不能给自己捉兔子呢？"于是，有些猎狗离开了猎人，自己捉兔子去了。

（4）骨头与肉兼而有之

猎人意识到猎狗正在流失，并且那些流失的猎狗和自己的猎狗抢兔子。情况变得越来越糟，猎人不得已引诱了一条野狗，问它野狗比猎狗强在哪里。野狗说："猎狗吃的是骨头，吐出来的是肉啊！"接着又道，"也不是所有的野狗都顿顿有肉吃，大部分最后骨头都没得舔！不然也不至于被你诱惑。"于是猎人进行了改革，使得每条猎狗除基本骨头外，可获得其所猎兔肉总量的 n，而且随着服务时间的延长，贡献变大，该比例还可递增，并有权分享猎人总兔肉的 m。就这样，猎狗们与猎人一起努力，将野狗们逼得叫苦连天，纷纷强烈要求重归猎狗队伍。

（5）成立公司

被扫地出门的老猎狗们得到了一笔不菲的赔偿金，于是它们成立了猎狗公司。它们采用连锁加盟的方式招募野狗，向野狗们传授猎兔的技巧，它们从猎得的兔子中抽取一部分作为管理费。当赔偿金几乎全部用于广告后，它们终于有了足够多的野狗加盟。公司开始赢利。一年后，他们收购了猎人的家当。

（6）发展公司

猎狗公司许诺给加盟的野狗 N 的公司股份。这实在是太有诱惑力了。这些自认为是怀才不遇的野狗们都以为找到了知音：终于做公司的主人了，不用再忍受猎人们的呼来唤去，不用再为捉到足够多的兔子而累死累活，也不用眼巴巴地乞求猎人多给两根骨头而扮得楚楚可怜。这一切对这些野狗来说，比多吃两根骨头更加受用。于是野狗们拖家带口地加入了猎狗队伍，一些在猎人门下的年轻猎狗也开始蠢蠢欲动，甚至很多自以为聪明实际愚蠢的猎人也想加入。好多同类型的公司像雨后春笋般地成立了，一时间，森林里热闹起来。

3. 白手起家如何创业

但凡是创业成功的人都是靠自己的一套行之有效的方法、技巧、能力和素质而取得成功的。那么，对自己没有资金实力的创业者来说，如何才能成功创业呢？下面，就分享一下创业成功者的一些经验。

（1）广泛的社会关系

白手起家的创业者因为自己没有足够资金实力，他们很难请到或请得起高水平的人才，也没有太多的资金用于广告或市场推广。所以创业之初的业务来源很大部分是靠社会关系，有了广泛的社会关系，你的产品或服务就有了一个好的销售渠道。

（2）有预见性

对白手起家的创业者来说，要想成功就要寻求一个好的项目或者产品。通常白手起家的创业者在选择产品或项目时，一般要考虑这三点：一是该产品或项目要顺应社会发展的潮流；二是该产品或项目要与众不同；三是在推广该产品或项目时，不需要或只需要很少的市场启动资金。这就要求创业者要有一定的预见能力，能够把握好市场未来的发展趋势，从而找到并占领某一市场缝隙。否则，根本无法与其他企业或产品在竞争中抗衡。

（3）良好的信誉和人品

白手起家的创业者，只有靠自己人格的魅力，才能吸引一批与你志同道合且愿意跟随你的人，因为你出不起高工资去招募合适的人才。同时白手起家的创业者，由于经营规模较小，所以商业信誉度在人们看来不会很高，这时就要用创业者个人的信誉和人品来担保，只有这样，别人才愿意并敢于与你合作。

（4）吃苦耐劳精神

白手起家的创业者要面对残酷的市场竞争。与实力雄厚的竞争企业相比，白手起家者找不出什么竞争优势，只能靠自己的吃苦耐劳精神，付出比竞争对手更多的努力。多做一些工作，多奉献一些爱心，去感动你的客户，这才是最有力的竞争。

4. 穷人要及时行动

灵感是什么，为什么会在某个完全没有预兆的时候，突然一闪？灵感是宝贵的，这一点大家都很清楚。有时，一个灵感就是一个事业的基础，就是一笔巨大的财富。但是要把这笔财富拿到手，最重要的是行动。

快健公司是美国第一家专门为 7~12 岁女孩服务的公司，它不仅制造了让各种肤色儿童都喜欢的黑色和西班牙玩具娃娃，而且通过捆绑销售与西班牙玩具娃娃相关的系列丛书，使学与玩的结合变成一种时髦。就是这样一个玩具业巨人，它的诞生却完全是凭着一位女性的灵感一闪。玛利亚（化名），在她 45 岁创办快健公司之前，曾经做过小学教师、电台记者、教科书的撰稿人以及一本小杂志的出版商。某年圣诞节前，她想给自己 8 岁和 10 岁的女儿买个既漂亮又有内涵的玩具娃娃作为礼物，但是她没有找到，市场上的娃娃都不是她想要的。

突然之间，一个念头就在脑海里诞生了。她立刻给最亲密的朋友写了一张明信片——它至今保存在快健公司的档案室——"你觉得为 9 岁的女孩制作一套讲述不同历史时期的书，同时配备穿着不同时代服装的娃娃，以及一些可以让孩子们演出的附属玩具怎么样？我并不做新的玩具，只是把美好回忆微缩到让孩子一直喜欢的书和娃娃身上。"

玛利亚立刻用一周的时间制作了一份包括系列图书、娃娃服装样式、生产线规划等内容详尽的商业计划书，并以最快的速度开始实施。

最初，玛利亚只能小打小闹，用最节约的办法推销，凭借邮寄广告目录和口口相传。四年以后，"美国女孩"的品牌价值快速上升。

相信很多人在买不到适合的东西时，都有过和玛利亚一样的苦恼。买不到，就说明这一方面市场是空白的，就是商机所在。但遗憾的是，商机当前，却很少有人能抓住它。

案例类型四：指点迷津

1. 成功人士的致富之路：你为什么富不起来

最近几年，张三一直在研究成功人士的致富原因，同时，专门以那些处于同一起点、同一平台上的不成功人士为对象，研究总结他们一直富不起来的原因和教训。通过大量的调查研究，归纳起来大致有五点：

（1）不屑于做小事

创业者往往放不下架子，不能从小事、从基层最基本的工作做起，他们自命不凡，总认为自己是干大事的人才，期望在短时间内干出出色的事业，不知凡事都需要日积月累。还有一些人总是抱怨周围环境不利于自己发展，诸如区域太小、老板不好、朋友不帮忙、同事关系不好，这样的客观原因数不胜数，将富不起来归咎于运气不好！从来没有想过，其实最根本的原因是自己不屑于做小事。所谓"一屋不扫，何以扫天下"。

（2）害怕承担风险

不愿设身处地但又规避不了风险的人一直处于思考和徘徊中，他们想：投资，投错了怎么办？找合作伙伴，找错了人怎么办？辞职下海，没有医疗保险和退休养老金怎么办？思前想后，还是待在原岗位最为保险。总体来讲，在原单位爱岗敬业踏实工作，还是自主创业，的确要因人而异，没有千篇一律的公式可用。也许真的只有下岗职工，可以洒脱地甩开膀子大干一场，因为他们除了此路别无退路。

（3）抵触新的理念

这些创业者喜欢生活在自己熟悉的环境中，见熟悉的人，说熟悉的话，按部就班，做生意最好一帆风顺，永不转向。但是社会在发展进步，顾客的消费理念发生了变化，而这些老生意人的经营理念还是老一套，难以接受新的机遇和挑战。还有一些创业者自我束缚，心有牢笼，这个不能干，那个怕不行，实际上限制了自己的潜能，殊不知自己有可能在新的领域做出新的更大的事业，取得更大的成功。

（4）缺乏开创精神

这些人往往工作态度好、兢兢业业，在单位，这种作风堪称模范。但是在自主创业的道路上，过于循规蹈矩、单线思维，适合在别人的指挥棒下干活，缺少勇于创新的精神和举一反三的能力，只能挣些辛苦的小钱，致不了富。还有些人并不缺乏闯劲和干劲，但是总也找不到感觉，找不对门路，没有在合适的领域和位置充分地发挥自己的聪明才智，经营业绩平平。这就要求经营者不仅要有开创精神，还要"开对门、创对业"，也就是说，要好好分析自己的实际情况，从而科学地选择适合自己创业的领域。

（5）败在纸上谈兵

科技是第一生产力。当今社会，人们对于知识转化为生产力、转化为价值和效益的作用越来越重视。其实，将科学文化知识和社会关系网络资源转化成价值，是每个经营者应该仔细考虑的课题。因为在经营这个领域，没有什么"放之四海而皆准"的公式。

但是有些人就是自诩满腹经纶，未经任何社会实践和磨炼，却常常纸上谈兵、自鸣得意，理论著述一大堆，但是一旦用于实际，依葫芦画瓢，却发现根本不是书本上学的那么回事。

2. 一无所有该怎么创业？

有人会说："如果没有固定的长期从事的工作，所有收入只是满足自己的生活，没有任何创业的经历与经验，也筹措不到足够的创业基金、没任何独特的专业技术，创业者要进行创业，该怎么办？"

现实中，好多初期创业者都会问这样的问题。事实是，任何创造财富的创业者都不可能立刻让你有足够的资金。我认为，可以紧紧地围绕创业者的创业目标，有计划、有步骤、有激情地坚持完成自己的志向和理想。盲目的创业是不会对自己产生任何帮助的，现在立刻为创业去做准备条件，而且一定要立刻行动！很多人一直只是想行动，却没有真正去做，当然不会成功。

对创业者来说，要用脑子去思考创业的方向、创什么样的业、如何去创等问题。无论是创什么业，创业者第一步要做的就是经营你自己。目前对自己最大的经营就是创业学习。这个学习并不是让创业者去学校学习什么，而是要在工作中去实践学习，去学对创业有用的东西，学习创业的知识，能够带来财富的知识，再具体些就是如果你想开饭店，就去学习如何开饭店的知识，最好的方法就是到饭店实际工作一段时间，比如，到饭店找份工作，而且是立刻去，然后投入进去。

这里有一个简单的例子：有一个刚从职业高中烹饪学校毕业的学生，他知道厨师是一个实践性很强的工作，他跑了很多单位，也没有找到工作，于是他想了一个解决问题的方法。他来到一家名气很大的酒店，要了很多菜，结账时要500多元，但是他没钱结账，他拿出毕业证，和经理说："要钱没有，要么我给你打工还钱吧。"经理决定，让他用两个月的工作偿还今天的用餐费，于是这个小伙子开始上班了。他肯干，脏活累活抢着干，很快大厨喜欢上了他，并让小伙子成为自己的助手，后面的结果就不用说了。如果你想在某一行业学习，那么就学习这个小伙子。

当然对一部分人来说，想要创业却一无所有。这样的状况看起来的确很难，因为初次创业的创业者就是一张白纸，怎样去经营一个空白的创业者呢？初次创业的创业者的优势就是要比那些已经在纸上画了一些东西的，更能画出一幅好画来。创业者要画虎，那就立刻去接近画虎的人；创业者想画竹子，就应立刻接近画竹子的人，不管是偷学还是明着学，能学到过硬的知识和技能就可以了。同时，创业者即使没有什么资金，也有自己和时间，这是我们任何人都平等拥有的，在一定时间内创造或抓住创业机会，最重要的是要把握住这些机会，并付诸行动，通过这些机会实现创业成功。

创业不要好高骛远，机会一般都在你看得见的地方或者不起眼的角落藏着；哪怕很小的生意，就怕初创者眼高于底。修自行车和炸麻花都可以开成上百家、上千家的连锁店，能说修自行车和炸麻花的生意小吗？生活中很多地方都蕴藏着商机，有时候它看着不起眼，但只要你能放大它的亮点，深挖下去，就可以聚集很多财富。没有不赚钱的行业，只有在赚钱行业里不会赚钱的人。

永远尽可能地准备好创业资源，这些都是以后创业的条件。要随时准备把握住机会，机会不会单独找到你或者等你，机会永远属于有准备的人，时刻为创业积攒条件并做好准备；当合适的机会"种子"出现时，用最快的速度决定，且立刻付诸行动，开始你人生中最辉煌的事业征途——自我创业！

3. 温州人发家致富的秘籍

温州家族企业以简陋换得速度。"温州人有 10 万元，绝不会像内地人只用 5 万元，留 5 万元备急，他们不仅会把 10 万元全投进去而且还会借款，以便在市场上尽力获得竞争优势。"一位以打工仔身份考察当地经济的领导说，许多温州人不惜失败后又重操旧业弹棉花。

温州家庭企业出于对家族成员的信任，决策非常快，承担风险能力很强。他们做生意完全是有利就做，所谓"脚踩西瓜皮滑到哪算哪"。螺丝大王原先是卖煤油灯的，他发现煤油灯当中的铆钉利润更高，就专门做起了铆钉生意。金乡一开始做的是学校饭菜票印刷，后来才发现校徽利润更高，成为"徽章之乡"。

温州老板大多从事第一线生产。东阿外大酒店老板每天凌晨 2 点起来买菜；红泥酒店老板能精确说出 1 斤青菜加工后还剩几两；不少老板扮成打工仔去深圳的台资企业学成本控制。温州老板不肯放弃一线参与，是害怕自己对企业和行业利润失去亲身感受。正泰集团南存辉讲起当年办集团企业的故事："政府一直要我搞企业集团，我不干，因为我想不通有什么好处。两年后，一个外国企业一下子要买 100 多种低压电器，我只能生产几种。我想我可以帮他收集，然后一起卖给他，结果一问工商局行不通，必须是一个集团才行，这时我才想到要联合起来做集团。"

4. 大学生创业路该怎么走？

大学生创业活动就是将自己的知识和技能付诸实际生产，更多实现成果的转移与转化，从创业本身来说，是一件好事，创业能使大学生从懵懂到了解社会，因为大学生一直在学校这个环境中，对社会上的很多事情都没有经验，一旦自己尝试了就知道其中滋味了。

但是对于没有经济来源的大学生，他们难以承受太大的资金短缺压力。一方面是大学生就业难，每年有几十万的大学生没有工作岗位；另一方面充满激情，有知识、有文化的大学生有创业热情，需要鼓励、引导。加强对大学生创业、就业的指导培训，更为迫切。孵化基地在各大高校附近有很多，但很少有大学生利用这一机会获得创业帮助。"为自己干活很带劲儿"，学生创业除利润的诱惑之外，更重要的是对自我价值的肯定。每年的高校毕业大军中，最后真正创业并且成功的还是少数。很多学生即使已经踏上工作岗位，仍旧对创业念念不忘。张三和李四已经大学毕业半年多了，他们在不同的公司过着朝九晚五的上班生活，有一段时间他们总是凑在一起商量自己开公司的事情。"我一直想自己开个公司。给别人打工不如给自己打工，多少图个自在。"张三表示，"我觉得，如果大学生真的有创业理想的话，先择业再创业比较好。"大学生们的创业热情如此高涨，应对大学生创业给予鼓励，每个年龄阶段都有自己的特点，敢于创业的学生，就具备他们那个年龄应该具备的特点。但现在的大学生规范化意识不够，经常不自觉就将自己置于不可控制的风险当中。除保护他们的创业热情之外，如何规避风险、规范创业是学校和社会面临的共同责任。

"胆大心细"，无论是学生还是老师，都将这最常见的四个字作为大学生创业的座右铭。大学生的创业指导尤为重要。上海理工大学负责高校科技创业的张忠孝老师表示，在他们学校，5%~10%的大学生是通过自主创业解决就业问题的。据悉，在他们的课程中，已经将创业指导增添进去，开始着重培养学生的"创业素质"。"创业素质"包括多方面的内容，比如，创业能力、项目可行性以及创业心态等。"并非任何学生都是适合创业的。"他说，"只有那些经过培训和考察，具备良好的'创业素质'的大学生，我们才会提供资金支持。"据悉，通过学校一系列的创业指导，大学生创业不再是"泡沫式发展"，一些和教师进行项目合作的创业模式正在逐步推广当中。

有律师谈道："学校、劳动部门、法律界等有关方面可以对大学生进行市场风险教育，剖析案例，提出警示。政府层面也应加强引导、指导。"现在对下岗工人的培训比较重视，对大学生的就业培训却几近空白，这一问题应该引起重视。

5. 开办创意用品店

王诚（化名）来成都开了创意用品店才短短半年时间，业务就经营得有声有色，那么王诚的成功经营秘诀是什么呢？王诚原来学的是工商管理专业，家人对他抱有厚望，2005 年，大二的王诚经历了该专业的第一次实习，实习地点是成都某企业，他除了正常实习，还大量走访了本地市场进行调研和总结，实习结束后，王诚利用假期在成都找了份实习工作，通过不懈的努力和辛勤的工作，王诚积累了一定的经验，于是决定开始自由创业，开办一家创意用品店。王诚说："有人说 90 后的人做事不顾后果，实际上，我们只是按照自己的真实想法去做。"

在王诚的创意小店中，摆放着 400 多个产品，主要销售个性家居、个性礼品、发电型手电筒、折叠电脑键盘等与人们生活非常贴切的产品，店内每一款产品都会给用户带来"意外"惊喜和遐想。王诚坦言，在进货上花了很多心思。每次进货，他都会亲自使用每款商品，了解其用法和性能，自己喜欢才卖给客人。"我本来就喜欢一些新奇的物品，质量好最关键。"虽然才做了两个多月的生意，但王诚有自己的一套"生意经"。

除了进货，如何推销产品也有讲究，对王诚和他女友两个从未有过销售经验的年轻人来说，考验不小。小店刚开张时，王诚发现虽然店里人气较旺，但买的人并不多，于是，王诚的女友便经常去附近的商场、小店，研究别的销售员如何推销介绍产品，晚上回到家，两人便一起分析、练习。久而久之她学会了识客，对于家庭主妇最好详细介绍产品功能，甚至演示，时尚的年轻客人最好少讲话，让他们自己挑选。

小店开业两个半月了，虽然每个月销售有一定利润，但由于铺租、进货等花费较大，每月盈利所剩无几。但是王诚说："现在能达到收支平衡我们已经很满意了。"为了拓宽销售渠道，王诚打算开家网店，把店里货品的照片上传到网店里。

案例类型五：论道财富

1. 天上掉下的馅饼，我们也可以得到

李维·斯特劳斯（Levi Strauss）是世界著名服饰品牌李维斯的创始人。1847 年他从德国移民至美国纽约。1853 年，正值加州淘金热，这个机灵的犹太人随着疯狂的人们前往旧金山。

（1）第一次创业经历

在路上，一日，他突然间发现有一条大河挡住了他的路。苦等数日，被阻隔的行人越来越多，但都无法过河。于是陆续有人向上游、下

游绕道而行，也有人打道回府，听到更多的则是怨声一片。而心情慢慢平静下来的李维·斯特劳斯想起了曾有人传授给他的一个"思考制胜"的法宝，那是一段简单的话："太棒了，这样的事情竟然发生在我的身上，又给了我一个成长的机会。凡事发生必有其因果，必有助于我。"于是他来到大河边，"非常兴奋"地不断重复着对自己说："太棒了，大河居然挡住我的去路，又给了我一次成长的机会，凡事发生必有其因果，必有助于我。"果然，他真的有了一个绝妙的创业主意——摆渡。没有人会吝啬一点小钱而不坐他的渡船过河，迅速地，他人生的第一笔财富因大河挡道而获得。

（2）第二次创业经历

一段时间后，摆渡生意开始慢慢变得冷清。于是他决定放弃，并继续前往西部淘金。来到西部后，他找到一块合适的空地，买了工具便开始淘起金来。没过多久，有几个恶汉围住他，叫他滚开，别侵犯他们的地盘。他刚理论了几句，那伙人便失去耐心，一顿拳打脚踢。无奈之下，他只好灰溜溜地离开。好不容易找到另一处合适的地方，没过多久，同样的悲剧再次上演，他又被人轰了出来。在他刚到西部的那段时间，多次被人欺侮。终于，在又一次被人打完之后，看着那些人扬长而去的背影，他又一次想起他的"制胜法宝"：太棒了，这样的事情竟然发生在我的身上，又给了我一次成长的机会，凡事发生必有其因果，必有助于我。他真切地、兴奋地反复对自己说着，终于，他又想出了另一个绝妙的主意——卖水。

西部黄金不缺，但似乎自己无力与人争雄；西部缺水，可似乎没什么人能想到它。不久他卖水的生意便火爆起来。慢慢地，也有人参与到了他的新行业中，再后来，同行的人越来越多。终于有一天，在他旁边卖水的一个壮汉对他发出通牒："小个子，以后你别来卖水了，从明天早上开始，这儿卖水的地盘归我了。"他以为那人是在开玩笑，第二天还是来了，没想到那家伙立即走上来，不由分说，便对他一顿暴打，最后还将他的水车也一起拆烂。李维·斯特劳斯不得不再次无奈地接受现实。然而当这家伙扬长而去时，他却立即开始调整自己的心态，再次强行让自己兴奋起来，不断对自己说着："太棒了，这样的事情竟然发生在我的身上，又给了我一次成长的机会，凡事发生必有其因果，必有助于我。"

（3）第三次创业经历

他没有放弃，也没有和大部分人一样以淘金为生，而是注意观察，调整自己注意的焦点，再次寻找商机。经过一段时间的细心观察，他发现采矿工人工作时非常辛苦，需要跪在地上，裤子膝盖部分特别容易磨破，而且也非常容易变脏却又苦于没有时间洗，他根据自己发现的这一情况，采取了行动。他把矿区里废旧的帆布帐篷收集起来，洗干净重新加工成裤子，拿到淘金工地上推销，想不到竟然大受淘金者们的欢迎。"牛仔裤"就这样诞生了。1855年，李维·斯特劳斯放弃帆布，改用一种结实耐磨的靛蓝粗料斜纹布制作工装裤，并用铜钉加固裤袋和缝口。这种坚固美观的长裤迅速受到市场的青睐，很快便风靡全球。大批订单纷至沓来。李维·斯特劳斯用自己的名字 Levi's 作为产品品牌，并在旧金山开了一家店。从此，实现了从创业到致富的梦想。

2. 创业就要借鸡生蛋

陈凯旋，广东人，在萌发自己创业的念头之前，他曾做过洗衣粉的代理商，这时，他唯一能称得上资本的就是熟悉洗衣粉的销售渠道，而他并没有太多的资金。但陈凯旋一直追求自己的梦想——有一天拥有自己的公司，于是他和 6 个朋友一起创办了广州市立白洗涤用品有限公司。AC 尼尔森市场研究公司公布的销售数据显示，立白已经排在了洗衣粉领域前两位的雕牌和奇强之后，悄悄坐上了季军的宝座。他是如何仅用了六七年的时间就将立白提升到了行业的前列呢？

就在陈凯旋做洗衣粉代理商时，他就萌发了自己创业的念头，当时他就有一个强烈的创业冲动。说来容易做则难，缺乏资金，让他的设想无法实施，建厂生产似乎没有可能，于是在他的脑子里诞生了"借鸡生蛋"的想法。

借什么样的鸡？从哪里借？是陈凯旋面对的第一步棋，他了解销售渠道，但他不懂技术、不清楚洗衣粉的配方，也没有资金办厂，于是他开始寻求代工生产洗衣粉。

1994 年，"借鸡生蛋"的立白洗衣粉终于在广州破壳而出，陈凯旋和 6 个朋友开始了艰难的创业之路。针对整个珠三角地区的消费状况以及人们的消费水平，立白洗衣粉采取了中高档的定价策略。立白洗衣粉虽然质量不错，但由于珠三角的消费者选择产品时很注重品牌，而刚刚诞生的立白洗衣粉不仅价格高，也没有什么知名度，因此销售情况并不乐观。而且竞争对手的强大也让立白挣扎于夹缝之中。

日化行业领头羊宝洁公司就驻扎在广州，强大的广告优势使得汰渍和碧浪顺势推进，洗衣粉的强势地位并非初出茅庐的立白所能撼动，面对严酷的竞争环境，陈凯旋和朋友们开始了艰难的推广之路。陈凯旋深深地认识到农村是一个广阔的市场，于是他决定避开与宝洁公司等大品牌的正面交锋，进攻农村市场，在农村独辟蹊径。

然而，让人头疼的是农村市场洗衣粉品牌良莠不齐，渠道混乱，想要在一个相对还不规范的市场里建立一个有权威性的、居领导地位的品牌，谈何容易！为了让新产品平稳进入市场，按照立白洗衣粉的销售模式指挥操作，陈凯旋决定在重要区域设立"立白"专销商。这些专销商由他的亲戚朋友担任，只经营立白洗衣粉产品，因为他们对立白的忠诚度非一般经销商可比拟。和一般的经销商不同，这些专销商对于立白洗衣粉的政策照单全收，在初期执行得更是毫无偏差，就像一个完全服从命令的士兵一样。所有人都是把经销发展立白洗衣粉当作自己的使命，对每一级市场的操作都尽心尽力，贯彻立白的各种策略也非常到位，都希望立白能做大做强。由于目标一致，利益一致，再加上齐心协力的推销，立白洗衣粉很快进入流通渠道。在华南地区，即使走到偏远的农村，也可以在小店琳琅满目的洗衣粉中，赫然见到立白的身影。

3. 要想变得富有，你就必须向富人学习

如果你经常接触富人，就有机会成为富人。拥有一个富人的思维，向富有的人学习他们的创业成功经验，和他们靠拢，你会得到很多宝贵的创业启示和致富机会。

穷人的穷不仅因为他们没有钱，还因为他们根本就缺乏能够创造价值的思维和方法；富人的富有不仅因为他们手里拥有大量的财富，还因为他们根据自己创业的经历，能及时发现商机。

有这样一个故事说的就是财富和思维的关系：

有一个百万富翁和一个穷人在一起，那个穷人见富人生活是那么舒适和惬意，于是穷人对富人说："我愿意在您的家里给您干活三年，我不要一分钱，但是你要让我吃饱饭，并且有地方让我休息。"富人觉得这真是少有的好事，立即答应了这个穷人的请求。三年后，服务期满，

穷人离开了富人的家，不知去向何方。

十年过去了，昔日的那个穷人已经变得非常富有了，而以前那个富人却显得很寒酸。于是富人向昔日的穷人请求：愿意出重金请他传授他这么富有的经验。昔日的那个穷人听了哈哈大笑："过去我是用从你那里学到的经验去创造社会价值，而今你又要重金买我的经验！"

昔日的那个穷人用了三年时间学到了创业的方法和技巧，积累了较为丰富的经验。于是他获取了很多财富，变得比那个富人还富有，那个富人也明白了这个穷人比他富有的原因是穷人的经验已经比他多了。为了自己拥有更多的财富，他只好掏钱购买昔日的那个穷人的经验。

要想富有，就必须学习富人。只有先去学习成功创业者的方法，你才会得到他们富有的经验。典型案例如下：犹太人特奥和哥哥卡尔经营着父母的一个零售店。微薄的资金，简陋的小店，靠着出售一些罐头和汽水维持生计，但每年收入微乎其微。

他们不满这种穷困的状况，一直探索致富的机会，卡尔问弟弟："为什么同样的商店，有的人赚钱，有的人赔钱呢？"特奥回答说："我觉得是经营有问题，如果经营得好，小本生意也可以赚钱的。"

"可是经营的诀窍在哪里呢？"

于是他们决定到大街小巷去看看，一天他们来到一家"消费商店"，这家店铺顾客盈门、生意火爆。

这引起了兄弟二人的注意，他们走到商店的旁边，看到门外有一张醒目的红色告示写道："凡来本店购物的顾客，请把发票保存起来，到年终可凭发票免费购买发票款额3%的免费商品。"

他们把这份告示看了几遍后，终于明白这家店铺生意兴隆的原因了。原来顾客就是要那年终3%的免费商品。他们一下子兴奋了起来。

他们回到自己的店铺，立即贴上了醒目的告示："本店从即日起，全部商品让利3%，并保证我们的商品是全市最低价，如达不到全市最低价，可到本店找回差价，并有奖励。"

原来他们不仅借鉴了那个商品让利3%的做法，还提出了现款交易就可以让利3%，加上全市最低价的攻势，自然他们的店铺很快就门庭若市，生意火爆。他们的阿尔迪商店出现了购物狂潮，借这个机会，阿尔迪商店在市里发展了十几个店铺，占据了几条主要的街道。此后，凭借这种借鉴来的经营理念，他们兄弟的店铺迅速扩大，南到阿尔卑斯山，北到弗伦斯堡，到处都布满了密密麻麻的"阿尔迪"商店。由此可见，如果不是他们当初学习别人并加以利用和发挥，阿尔迪商店是不会发展这么快的。

犹太人是怎样运用智慧的，又获得了怎样的价值呢？原来犹太人做生意是极为精明的，他们用自己聪明的头脑构筑了一个个绝妙的想法从而赚到了钱。

这就是犹太人的商业原则：作为商人，他的任务就是想办法制订好一套完整的且合理的商业计划，剩下的事情就让别人去摆弄，自己等着赚钱就可以了。

4. 创业点子如何产生

创业的点子和构想来源很多，一般而言，从现有的经营模式中借鉴，创造出一个全新的商业模式，这种点子的实施风险较小。许多创业者都可以从成功创业的公司中寻找这方面的经验，例如，发现产品的需求未能满足市场上客户的需求、产品质量存在问题或未能完善、产品制作流程不科学……事实上，大部分创业者的动机，也是源于相信自己能创造出比原公司更好、更经济的产品而选择了创业道路。

当一个新兴产业出现之时，必定能围绕该产业出现不同的创业机会，引发大量创业热潮，产生许多延链产品。但是追随新兴产业的背后，也需承担相当大的风险。新兴产业的市场规模有多大？如何发掘潜在客户的需求？它们的盈利点在哪里？这些都没有太多的例子可以借鉴，需要创业者一步一步慢慢地去探索、实践、总结。

例如，当个人计算机产业出现之时，曾引发大量围绕该产业上下游相关产品与服务的创业机会，但是并不是所有的创业者都可以在这次流行趋势中获得成功，只有那些能掌握产业成长时机并及时投入的创业者，才能在最后获得成功。

有一些人将创业点子的产生，归因于投机取巧。不过研究表明，创意只是创业点子产生的冰山一角，没有平时的努力，机缘也不会如此凑巧。无数的人看到苹果落地，但却只有牛顿能产生地心引力的联想。所谓的机缘巧合，主要是创业者在平时生活中培养出了对环境的敏锐观察力，以及对周边环境发生的变化而做出的判断。

5. 赚钱需要独特的眼光

温州人之所以是中国最会赚钱的群体，一个很重要的原因就是他们能盯住别人没有发现的赚钱机会，从无到有、由小变大，一步一个脚印，脚踏实地地将所经营的产业做大。有一个温州姓李的老板，从一无所有到上万家产的发迹史，就能够充分证明这一点。

起初，李老板一无所有，穷得连件像样的衣服也买不起。当看到别人做生意，赚大钱，过上好日子时，他静下心开始思考，但自己没有本钱，怎么办呢？左思右想，毫无办法，于是他到处走走看看，寻找出路。结果这一走，就走出一条路来。

他发现，城里人楼房居室都布置得很好，客厅、厨房的清洁卫生每日都做，清洁卫生所用的主要工具是拖把。如果采用一块布抹地很费时费事，那么改用棉质拖把就方便简单多了。制作棉拖把有何难呢？于是他四处打听，看看能否弄些材料，结果，他在一家大型棉纺厂的垃圾堆里，捡回了许多厂家丢弃的碎棉布条。他便利用它们，分拣出来扎成各种拖把。把拖把拿到街上试销，每把可卖到 2 元钱，于是他干起了这个无本生意，一年之后，他居然存了 500 多元。

有了这 500 多元，他便考虑，怎样才能迅速致富呢？想来想去，还是觉得利用废弃的材料生产拖把是条可行之路。于是，他创新改变了只扎拖把的单一产品结构，购买了缝纫机。他把捡来的破碎棉布中稍大的布块，拼缝成童装；细小的布块，便扎拖把。这样干了半年以后，他赚了 5000 多元。这时候，李老板的眼光放得更远了。他瞄准市场上毛毯热销，专门从上海、杭州等大城市棉纺厂、化纤厂中收购各种边角料，运回后，筛选分拣，那些大块的制作成童装；细小的，不再制作拖把，而是纺成丝线，编织成各种毛毯，或者挂毯。

比如，童装，每件成本相当低廉，原材料连同人工及各项开支，也不过 3~4 元，而童装批发，一般都在 10 元以上。那些用彩色化纤边角料编织而成的毛毯，色彩鲜艳，构图巧妙，且细密结实，因此，深受用户欢迎，产品畅销全国各省。

尝到甜头后，李老板又加大投资，扩大生产规模，除生产加工童装、毛毯之外，他还把业务扩展到饮食业。之后，他又开始涉足家电行业。当时，家电市场正在起步，李老板便率先行动，专营日本进口原装产品，很快，便赚到了更多的钱，一跃成为千万富翁。

案例类型六：案例分析

1. 创业的起跑线划在哪？一位大学生擦鞋匠的故事

郝盛（化名），市场营销专业，大学毕业已经 6 年，但现在从事的却是擦鞋的工作。不过，他可不是大街上一块钱一双的擦鞋匠，他已经把自己的星级擦鞋店开到了成都高档的住宅小区里，每天送到他店铺来的几十双鞋都是从国外进口的名牌好鞋，他招聘了五位员工还忙不过来。

他大学毕业后，也想找个体面的白领工作。在他创业之前干过两份稳定的工作，一个是某品牌公司的职员，另一个是客服信息台的工作，工资并不高。某一天的下午，他正准备外出，看到一位摆摊的阿婆，他觉得阿婆一把年纪了，还在做擦鞋的体力活，生活肯定挺苦的。就随口问了一句："阿婆，您一个月能挣多少钱呀？"阿婆头也没抬地说："千把块吧，勤快的话还可以多挣点。"本来是抱着可怜老人家的心态，没想到她的收入比自己的高出一倍。看来，该可怜的人不是阿婆而是他自己。如果不是那天下午遇到那个阿婆，可能他的人生还将延续一成不变的轨迹。回去后，他的心里就有了想法：开个上档次的擦鞋店。

心里有了开店的想法后，他每天有空就上街观察擦鞋的人怎么工作，客源是什么样的人群，擦鞋者集中的地段，哪些客人是那些擦鞋匠没有想到或是不敢发掘的，他把这些都记在了小本子上，作为创业的最初积累。

擦鞋的工作在很多人眼里都是不太理想的工作，当他的父母听到他的想法后认为他不正常，好好地读了几年大学，毕业怎么会想要干这个。他们说，如果朋友亲戚问起他的工作，叫他们怎么张嘴？

不过，他觉得自己的想法没错，高档鞋的清理和保养服务在当下市场还是空白，现在人们生活好了，有很多人的鞋都不便宜，他们不愿意交给不懂行的人来擦，这是个潜力巨大的市场，他为什么不从这里挖到人生的第一桶金呢？

通过调查走访，充分论证后，他果断做出决定，辞掉工作，认真规划创业计划，写出了一份详细的合作计划书，在地图上标出了高档的营业场所，开始寻找欣赏他的伯乐。

当时人们的意识里还是觉得擦鞋工作"难登大雅之堂"，擦鞋匠的存在只限于街边的小餐馆旁，富丽堂皇的大厅和擦鞋匠简直是不搭界。好几次，他刚走到大堂就被迎宾员"礼貌"地"请"了出来，身后还传来大堂小姐的嘲讽："这个人烧昏头了吧，跑到这儿赚钱？"

一段时间里，他每天都去那家高档的茶楼，连续一个星期后，经理终于松口决定见他一面，经理漫不经心地翻了一遍他的计划书，然后说："小伙子，相信我吧，你就是走遍这个城市也不会有哪个经理愿意与你合作的。"

这个经理没说错，他跑遍了这个城市有名气的宾馆、茶楼，还是一无所获。

因为没有高档的场所愿意与他合作，他又一次改变创业项目的实施方案，决定采取地毯式创业方式，从自己摆摊开始"原始积累"。

他找到本市一个比较繁华的街道，每天人来人往，也是不少老板客商的聚集地，他想抓住他们构建自己的特殊顾客群体。"擦鞋，5 元一双!"响亮的吆喝声吸引了周围的游客，周围的人以为自己的耳朵出了错，因为街边擦鞋行情是 1 元一双，只见有人降，不见有人加。每当有人问价，他就极为清晰地重复一遍，而且申明不擦价格便宜的鞋。

一位 50 多岁的先生成了他的第一位客人，他要擦的是先生脚上那双千元的"老人头"牌高档皮鞋。说实话，他当时挺紧张的，他戴上棉手套，排出一排软硬不同的鞋刷，开始为其服务。因为是今天的首单，他认真梳理了擦鞋的工艺和方法，于是他先拿出硬质的小鞋刷，专门用于清洗鞋面和鞋底接口的沟缝，用水的多少也是有讲究的，太多会影响鞋底黏合性，太少起不了清洁的作用。然后喷进口的清洁剂，用软刷，动作要轻柔。接下来是上油，鞋油一定要均匀地抹在鞋面上，并且不断摩擦，并注意擦拭的方向和力度。最后是抛光，再用弱风将鞋烘干，整个过程要一气呵成，半个小时后完成所有工作。那位先生拿过鞋仔细打量了一番，然后摸出 10 元递给他："小伙子，你的劳动值得我花10 元！"

直到今天，他还一直珍藏着这 10 元，它带给他无比的信心和勇气。

第一天摆摊下来，他收入 100 元，比预想的情况好多了。六年来，收益逐步攀升，他完成了第一个五年计划：在本市购房安家。现在他正朝着人生的第二个五年计划奔跑：扩大星级连锁店的规模，太太和可爱的儿子成为他最大的动力。开这家店的时候，由于选址在租金较贵的高档住宅小区，每天都会接到浙江、福建及四川各地咨询加盟的电话，现在真是越干越有信心，浑身是劲儿。

他觉得大学生其实有点像是学校出产的产品，走向社会肯定有个适应过程，而且现在的学生都挺有主见的，如果把自己的价值定位好，朝着一个明确的目标循序渐进，终有一天会把自己的梦想变为现实。现在大学生一步到位找个特别满意的工作不太容易，最好还是先就业再择业，就像 100 层楼梯，调整好心态稳稳地走好第一级台阶，一级一级慢慢走。如果把人生比作长跑，就业就是起跑线，一开始跑在前面的人未必就一定能成功，只要你有耐心且不懈努力，何必在乎起跑时那小小的一步呢？

2. 法拉利是怎样获得成功的？

在相当长的一段时间内，即使是像宝马和戴姆勒 - 克莱斯勒这样十分成功的企业集团也无法打破法拉利创造的"红色车队"蝉联冠军的神话。

由于各种原因，恩佐·法拉利在 1915 年被迫中断了自己的学业，他在博洛尼亚找到了一份工作，成为一名消防教练员。1917 年，19 岁的恩佐·法拉利被征召入伍去服兵役，他被派往后方，负责给为炮兵拖大炮的马匹和骡子钉马掌。在 1919 年举行的帕尔马 - 雷久爬坡大赛上，法拉利首次参加赛车比赛，他驾驶着一辆配置有伊索塔 - 夫拉西尼发动机的 CMN 汽车取得了第 12 名的成绩。1923 年，他在拉文纳举行的斯沃奇汽车竞赛中首度夺冠。1924 年，在佩斯卡拉举行的阿塞柏林大赛中，他再次夺得冠军。在接连取得胜利之后，法拉利被提升为专业赛车手。

然而，在备战 1924 年在法国里昂举行的欧洲大奖赛的过程中，法拉利宣布今后将不再参加任何大型的赛车比赛，就此放弃了自己原本前途一片光明的赛车生涯。

告别赛车运动后，法拉利作为一名检测工程师留在阿尔法车队工作。之后不久，法拉利与另外两名赛车手格拉夫·阿洛·菲利斯·特罗斯和马里奥·塔迪尼一起创建了公司：斯库代拉-法拉利，简称法拉利公司，地址设在摩德纳的一个小地方。

1925 年，当阿尔法·罗密欧汽车集团将主力从赛车商业领域撤出时，法拉利被委托去为这家公司的重要客户、一对富有且沉迷于赛车运动的卡尼阿托兄弟提供服务。法拉利很好地抓住了这个机会，他向阿尔法公司提出了一个交易方案：由法拉利自己的公司来负责提供这些服务，而阿尔法公司则要投资他的公司。通过这种方式，他确保了自己的公司能够以最优惠的价格得到火花塞、润滑油以及各种配件。

这位年轻的企业家开始按照自己的方式来研制和开发赛车。31 岁那年，法拉利从一名雇员一跃成为一名独立的企业家。尽管他仍旧需要依赖自己的老东家，但是法拉利可以根据自己的标准雇用职员，尤其是赛车手。从这个过程中可以看出，法拉利不仅是一名精明能干的商人，他还绝对是一位头脑灵活的企业领导人。

1938 年，阿尔法·罗密欧公司宣布将再次进入赛车运动，而一直以来，法拉利都作为外包伙伴接管着这家企业集团在赛车运动方面的所有活动，但是这样一来，他的财富就要被剥夺了。他必须把这些赛车以及对于下一代赛车的研发和生产方案割让给阿尔法公司，他想要独立经营一家企业的梦想破裂了。

法拉利最终不得不选择加入阿尔法·罗密欧公司，但不久便因与他的上司决裂而离开了这家公司。阿尔法·罗密欧公司强迫法拉利与自己签订了一份解约合同，根据这份合同，法拉利在四年之内都不允许以自己的名义制造赛车或者参加赛车比赛。

然而，这一切都无法阻挡法拉利一心希望重新回到自有企业的决心。他很快就在摩德纳创建了一家新的企业，他在马拉内罗开设的小工厂在战争时期还生产了机床。而在另一家汽车公司里，他还制造了两辆赛车，1940年，他把这两辆赛车送上了著名的意大利街道赛车比赛——米勒-米格大赛的起跑线。终于，他再次成为自己的主人。

1946年，法拉利第三次开始创业，他仍然采用腾飞的骏马作为自己企业的标志。

参加摩纳哥大奖赛的第一辆法拉利赛车是Tipo125，它是由与法拉利长期共事的乔克诺·克罗布研制开发的。这款车的动力源自一个60度旋转的12缸发动机，是同类型发动机中的第一款，并获得了国际性的认可，但是要战胜老对手阿尔法·罗密欧车队，他们仍然必须等待一些时日。

直到1951年，法拉利才最终实施了他的期盼，1951年7月14日，法拉利率领的车队在英国的银石赛道举办的大奖赛中令老对手阿尔法·罗密欧公司俯首称臣——在这场比赛中，有"拉潘帕公牛"之称的约瑟·弗罗兰·冈萨雷斯，驾驶着法拉利375赛车超越了曾经被视为不可战胜的Alfetta159，并且赢得了比赛。

到1952年，法拉利终于第一次成了F1历史上最快的车队。半个多世纪以来，除了法拉利车队，还没有任何一支车队能够在世界一级方程式赛车运动的赛场中取得如此巨大的成就。这家以一匹腾飞的骏马作为徽章的公司，已经将这项全球性顶级赛车运动中的所有奖项收入囊中。

3. 抓住机遇的女大学生送快餐赚了百万

大学毕业的何小小（化名），于2012年年底，她的公司利润突破百万元。

回首过去，何小小笑容灿烂："求职处处碰壁时，就该及时调整就业方向。在了解自己的能力和兴趣的情况下，做个有心人。"2000年，刚毕业的何小小踌躇满志，但她并没有找到合适的工作。自己身上仅有不到500元，她又不愿意找父母帮忙，怎么办？

2001年的某一天，她找到一家快餐店吃快餐。老板看到她的求职简历，便上前沟通。临走前，老板递给她名片，让她有困难时可以打电话联系。回到住处，犹豫很久，何小小终于拨通号码，怯怯地问："您的快餐店，还需要人吗？""你随时可以来上班！"终于工作了，但人却是尴尬的。进来一个人，她就心跳半天，怕是熟人，魂不守舍的，还出过几次小差错。第一天就这样挨过去了，何小小告诫自己：做一行专一行，架子面子，免谈！

不久，何小小开始给深圳高新区一些写字楼的白领送餐。才去第一家公司，就听到白领们纷纷发牢骚："你们店的饭太没特色，再不改，我们就另外订餐。"送餐出来，何小小看见另一间快餐店的女员工在抹泪，于是关切地问她，原来她的客户一打开饭盒就骂，说又放辣椒了，每次叮嘱都白费力气，女员工委屈地说："我每次转告客户意见，老板都不理会，还说今后不给他们送餐了。"

何小小眼前一亮，这不是绝好的商机吗？有的快餐店认为白领们的用餐要求太高，主动放弃了送餐业务。我为什么不把这笔业务接过来，满足白领们的要求呢？从此，何小小每次送快餐，都会详细记下对方的电话、用餐口味和个人禁忌。自己收集的信息不够，她还会问其他同行，将这些一手资料全部记下来。

快过春节了，店里放假，何小小决定留在本地送餐区域深层次地进行快餐市场调查。冒着严寒，主动到各家快餐店调查，她用冻得红肿的手记录下名称、电话、餐饮风格和快餐价位。东北菜、南方小吃、北方面食、西安土特产，应有尽有。经过认真的调查摸底，何小小心里更有谱了，酝酿着新的快餐运作模式："我可以做一个快餐中转站，收集各种风味快餐，提供给公司的白领，从中赚取差价。既帮快餐店拓宽了业务，又让白领有更多选择，何乐而不为呢？"说干就干。春节前期需求旺盛，很多快餐店放假。于是，何小小就抓住这个机会，找到一间 20 平方米的门面房，然后找了几位员工，任务就是送餐。她还做了 3 套送餐服装。接下来，她开始打电话给各个写字楼，寻找业务。很多都是老客户，加之很多快餐店还没正常营业，很快，她就拿到了 100 份订单。挂掉电话，何小小高兴得跳了起来。事先有过调查，她很快根据订单的要求，找到了快餐店。老板一听她要 50 份，答应给个优惠价格。何小小当即交了订金。随后，她又去另一家饭馆，预订了 50 份特色菜。饭菜送到，小小穿上工作服，和两名员工一起外送。第二天，她多预订了 50 份，很快也送完了。

春节过后，快餐店的竞争日益激烈，何小小的订单不如往日。她干脆亲自上门，到公司推销。面对质疑的目光，她从容地拿出自己记录的快餐店手册，并且坚定地说道："你们想吃任何口味，我都可以满足。送餐及时，保证营养，还能经常变换菜谱！"不少公司都抱着怀疑的态度，但一试下来，都觉得不错，纷纷取消原来的订餐，开始和何小小订餐。一个月下来，她外送的盒饭达到 3600 多份，利润达到 2000 多元。

第二个月，小小又招聘了两位员工，自己则主动出击，到更多的公司联系送餐业务。同时，她不断调整送餐的方式与方法，吸引白领。一方面，她寻找更多各具风味、干净又便宜的小饭馆，让快餐店手册日益丰富，白领有更多选择；另一方面，她到各公司发放调查问卷，统计白领最爱吃和最想吃的饭菜，然后自己设计新菜单，交给饭馆去做。

一年后，她外送的快餐盒饭每月都有几千份，到 2012 年年底，年利润已经突破百万元，并从小店面升级为"西安七彩虹餐饮有限公司"。

工作逐渐步上正轨，为了不荒废专业，小小又应聘到某知名电信公司上班，身兼两职。每天早上 9 点，她准时打电话给各个快餐店，预订特色菜，11 点整，公司的工作人员统一着装往各个公司送饭。

打造本地第一快餐中介，小小有很大的梦想："将来时机成熟，我想把快餐中介做成中国连锁！没有不可能，就看你敢不敢想！"

4. 而今迈步从头越：同仁堂传奇

在北京大栅栏林立的店铺中，有一座古朴庄重的楼阁，这便是清康熙八年（1669 年）由祖籍浙江宁波、明代迁居北京的乐家第四代传人乐尊育创建的、享誉海内外的老字号"同仁堂"药店。在坎坷的岁月中，在市场经济大潮的冲刷下，同仁堂非但没有消逝，反而日见辉煌——由新中国成立前的 3 间小门脸发展到今天营业面积为 4600 平方米的大楼；从过去"供奉御药"的中药房发展为总资产 18 亿元、拥有 6000 多名员工的现代集团企业，并成为医药界为数不多的上市企业。其店名更成为企业德、诚、信的化身。

同仁堂经营不少名贵药材——上百、上千元的人参、鹿茸；同时低价药品也十分丰富：一元一张的狗皮膏、几角钱一瓶的眼药水……他们做大生意，但也不放过小买卖，"只要能方便顾客就行"。同仁堂"德、诚、信"这一服务宗旨更体现在药品质量上。

同仁堂的药质和药效让人备感神奇，但人们不知它的采购和制作是何等考究！同仁堂一向不惜以高价购买上品参茸；对于不按时令采集的劣等药材，尽管市场价格便宜，也绝不购买。对黄酒、蜂蜜等附加料的选择也是极为重视。在制作成药的过程中，同仁堂一直严格按照祖训"炮制虽繁，必不敢省人工；品味虽贵，必不敢减物力"行事。如今，"质量第一"的宗旨不变，店内所有药品都从主渠道进货，"产非其地，采非其时"的药材被拒之门外。店内的中成药，从购进原料、炮制加工到包装上柜，要经上百道工序，每道工序都有严格的标准。所售饮片，均需经过再加工，除去杂质方可销售。为了让每一位顾客都能买到放心药，药店采取各种措施，杜绝假冒伪劣商品进店。同仁堂的产品除传统的鉴别方法外，还要由质检科送权威检测部门检验，合格后方可销售。

过去的同仁堂就很注重宣传自己，在市场经济中，同仁堂更没有放弃对自己的宣传。媒体的宣传是其中的一小部分，大部分的宣传手段靠的是"真诚的服务"。多年来，同仁堂一直默默地为顾客提供着费工、费时、不见经济效益的各种便民服务。在店堂中设立了"问病服药处"，聘请有经验的退休老药工为顾客免费提供咨询。坚持为顾客熬制汤药，还长期代客加工中成药。这些便民、利民的服务胜过了千言万语的文字宣传，因为它深入民心。

现在，在经济大潮中，同仁堂为维护自己的声誉——在国内外进行商标注册并严格管理。同仁堂"德、诚、信"的声誉的确来之不易。规模、实力的壮大并没有让同仁堂停止前进的脚步。同仁堂集团公司还投资 3.4 亿元改造生产环境，增添现代化设备。

虽说从前门闹市中轰轰烈烈地杀到了国际市场这个大舞台，同仁堂却像往昔一般平淡：热情的服务，一流的质量，新扩建的同仁堂又增添了许多中国古老的中医药文化的气息，还有门口那两只经过细心选择、寓意着祥瑞的可爱的麒麟……

案例类型七：我是老板

1. 一名员工犯了很严重的错误，你会处罚他吗?

5月的第一天，某省立精神病院的院长一大早就接到医院夜间负责人的电话，告知危险病犯加护病房的钥匙遗失了，甚至可能是被窃了。因为医院有备用钥匙，所以遗失钥匙不会影响医院的例行作业。但是他还是决定第二日早晨召开行政会议讨论这个问题。

在会议中，院长王尹先生说明了钥匙遗失的问题，并要求提出解决方法。副院长建议此事不宜声张，担心舆论损及医院的声誉，也避免卫生署等行政主管机关的调查。

医院的安全部门主管报告仅遗失两把钥匙，虽然目前尚不能确定是遗失还是被窃，但是他认为很可能是遭窃。他强调遗失的钥匙是开启所有住着最危险病犯的加护病房的。所以他认为应该立即更换所有病房的锁。

会计部门主管估计换锁的成本超过5000元。他提醒与会人士，由于非预期的通货膨胀以及其他意外支出，医院的作业费用已超过年度预算的百分之十，而紧急追加预算的报告已于上周呈报上级主管单位。总之，他认为没有经费换锁了，而且再追加5000元可能会不利于上周业已呈报上级的经费追加案。除此之外，现在已经是5月了，再过60天新的会计年度便开始，医院就有经费了，到时再用新的预算来换锁。从另一角度推论，如果钥匙是遗失的，捡到的人不一定知道它们的用途；

如果是被偷的，没有经过指示，可能永远无法使用这些钥匙。王尹先生谢谢大家的意见后结束了会议，然后开始思考。

当王尹先生陷于沉思时，他忽然想起也许最重要的事是找出谁该负责这次遗失事件，并接受处分。还有，也该重新检讨安全程序上的失误。

2. 二虎相争，你会选择谁？

杨慧珊（化名）是一名很优秀的某公办大学的企管硕士，毕业成绩优秀。能力强、坚毅、有抱负，且有很好的人际关系。有些人不喜欢女性主管，但她却为他们所喜爱。

大成公司拥有 35 000 名员工，这家公司在杨慧珊毕业之后便雇用了她，理由有二：人事不相信她极有前途；该公司正被控告雇用太少的女性职员。

三个月内，杨慧珊证明了她是极具潜力的人。大成公司不声不响地将她置于升迁得最快路径上。在这快捷之路上只有四位年轻的男士，且每人都极具潜力。

在她任职的第三年，杨慧珊被任命主持一个高度机密、与技术相关的政府合约签约仪式，包括激光应用。由于此项科技十分尖端，只有少数科学家真正了解其过程，其中半数在大新公司任职，其他的人都在另一家较小却很具挑战性的公司任职。

三个月后，老板很惊讶地收到这个项目中七位科学家的辞职书。如果这些人离开，公司不可能完成这个项目。更糟的是，调查结果是这七个人都已应征齐发公司的工作，而该公司正考虑聘用他们。

这位老板约谈了这七位科学家，结论是他们很不满意升迁问题。他们真的对杨慧珊毫无抱怨，甚至有一位说："她是我见过最好的上司。"他们所反对的是杨慧珊的升迁居然比他们快得多，他们不认为他们比不上她。如果公司再玩这种把戏的话，他们将到别家公司去，看看到底谁是赢家。

3. 从点滴做起零售巨头沃尔玛的创业智慧

山姆·沃尔顿小时候家境贫寒，曾经当过报童，一边挣些零用钱，一边勤奋读书。年轻时也时常在一些雇用临时工的连锁百货店里干活，为了多存下一些钱，他从来不像别的年轻人一样去娱乐场所，更不讲究吃穿。因此从小就养成了节俭的习惯。

在百货店的打工经历，使山姆认识到，创业经商是使自己尽快富裕起来的唯一途径，日用百货是人们生活中必备的，需求量大，具有很大的市场潜力。于是在他二十几岁的时候，向岳父借了 20 000 美元，作为创业基金。不久，他和妻子海伦在纽波特租到两间房子开了一家小店，专卖 5~10 美分的商品。

由于山姆待人和善，商品价格又低廉，附近的住户都愿意到他的店里买东西，生意还算不错。可以说山姆是个有心人，他学会了采购、定价和销售，还不时地看些有关经商的书，有空的时候，还主动向一些老商人请教经商之道。

他知道要想有所作为，一定要有一套能让购买者满意的经营方式。顾客满意了，生意自然也会好起来。正当山姆的小店生意越来越好时，房东因为嫉妒山姆的小生意火爆，找借口收回了店面。山姆没办法只好收拾货物，关了门。无奈之下，山姆来到另一座城市本顿维尔，打算重新开始。

从小出身贫寒的山姆，遇事善于分析思考，做事更是小心谨慎，由于资金少底子薄，他只能从点滴做起，一步步地开拓自己的事业。不久他在本顿维尔开了一家小店，随着生意一天天地好转，利润也渐渐地增多了。三年后，有了一定周转资金的山姆决定开始经营连锁零售店。朋友建议他先在附近的几个城镇各开一家连锁店，这样就会扩大影响，造成一定声势。可山姆却不这样认为，他觉得自己资金少，必须从小做起，要开一家成功一家，一步步地将自己的事业向大的空间拓展。

不久，他开了第一家连锁店，取名沃尔玛（WalMart）百货商店。随着营业收入的增多，山姆的零售店面在全美逐步建立起来，最后成为世界著名的企业之一。

4. 一碗牛肉面的思考

我和朋友在路边一个不起眼的小店里吃面，由于客人不多，我们就顺便和小店老板聊起经营牛肉面的事。谈及如今的生意，老板感慨颇多，兰州拉面最红的时候他曾在闹市口开了家拉面馆，日进斗金！后来却不做了。朋友心存疑虑便问他为什么。

老板说："我当时雇了一位熟练制作牛肉拉面的大师傅，但在工资上总是谈不拢。"

"开始的时候为了调动他的积极性，是按销售量分成的，一碗面给他一定数量的提成，经过一段时间，他发现客人越多他的收入也越多，于是他就在每碗面里放超量的牛肉来吸引回头客"，卖面本来就靠薄利多销，他每碗多放几片牛肉根本赚不到钱！"后来看看这样不行，利润全被拉面师赚去了！我就调整了另一种分配方式，给他每月发固定工资，工资给高点也无所谓，这样他不至于多加牛肉了吧？因为客多客少和他的收入没关系。"说到这里老板有点激动了，"可谁能想到，他在每碗里都少放许多牛肉，把客人都赶走了！""这是为什么？"现在开始轮到我们激动了。"牛肉的分量少，顾客不满意，回头客就少，生意肯定就清淡，拉面师才不管经营者赚不赚钱呢，他拿着固定的工钱当然希望每天没客人！"

结果一个很好的项目因为管理不善而退出市场。

（1）首先我们考虑将小店老板所用两种方案进行折中，即底薪加提成的方法，提成根据每碗的利润分配。这样既可以防止他少放牛肉，又能防止他疯狂地多放牛肉。

（2）后来又想到这么做是有条件的。问题是每碗的利润界定后怎么分配？一碗面能挣多少是瞒不过大师傅的，如果不能让双方的利益在某个点达到平衡，一切又会恢复原样。而要达到那种平衡涉及一个复杂的相关函数问题，说不定还要用到博弈论。

（3）把面馆承包给大师傅，老板拿了提成后回家养花弄鸟去。当然，提出这个方案后大家都有过短暂的脸红，再否定！

（4）然后我们谈到了企业文化、正义、道德、人性，并一致认为：管理学博大精深，成为一个优秀的管理者必须经过百般磨炼方能修得正果，再先进的管理理论也有不适用的时候。

首先就是关于大师傅激励的问题。可以设计一个激励机制，就是在定额约束下的销量或利润累积奖励。首先根据每碗面的顾客可接受效用制订一个材料定额，大师傅的工资还是按照销售量提成，但是前提是月度的材料消耗不得偏离定额太多，例如，允许波动幅度为20%，否则只有基本工资。或者说每碗面规定需要添加的牛肉克数，一批牛肉的总量是固定的，拉面的卖出量是可以计算的。如果采用底薪加提成工资，老板自己心里得算清楚一碗面的成本是多少，利润是多少，如果牛肉放多了，客户多了，以牛肉最大量为定量，以面条量为变量，控制一下放面条的多少使自己还有利润可赚，这就需要有一个取值过程。虽然现在都讲公司效益与员工利益相挂钩，股权分配是个好法子，但对于一个小店，进行股权激励就有点不切实际了。

其次，饭店也是制造企业，必须有工作程序、定额消耗以及制度规范，可以没有书面的东西，但老板必须心中有数才行。对这个小店老板的拉面店来说，其实应该师傅以技术入股的方式和老板利润分配，实现双赢。两个人合伙做，费用两个人摊，进行规范化管理。在工作程序上，比如对包括面粉的量、水的量、肉的量等明确规定，制造方法、工艺也请大师傅标准化；在定额消耗上，也与上述的激励密切相连；在薪水报酬上，参考社会上的平均工资和本店的盈利水平，结合师傅的劳动量、劳动结果（营业额的增加降低、顾客的反馈等）进行综合评定。

此外，将复杂的事情简单化：让老板娘放牛肉。关键的资源一定要掌握在关键的人手里！关键资源才是最重要的。老板掌握了店面的所有权，才可能有大师傅为他打工；老板娘掌握了牛肉的分发权，才有可能防止材料的浪费和滥用。不过，老板还应该再掌握大师傅这一核心的人力资源，怎么掌握还是一个难题，作为小规模店铺，老板要熟悉每一个环节，才能做好管理。如果牛肉拉面老板很熟悉牛肉面的制作，大师傅也不敢乱来。

另外，任何工作除了要有监督、控制，其余的事情都可以通过沟通来解决。我们认为本例中没有一种好的办法能一劳永逸地解决分配问题，在这种作坊式的小企业里，老板与员工每天有大量时间接触，关系是否和谐非常重要。唯有靠老板良好的个人魅力并善待下属，才会让大师傅内心产生归属感及满足感，积极工作努力为老板创造利润，到那时候牛肉的多少就不是麻烦了。

第六章

天水师范学院创新创业典型案例

第一节　毕业生创业

1. 天水万达电气有限公司、天水兆达农业科技有限公司总经理：徐云峰

（1）创业项目简介

古老县城清水山清水秀，人杰地灵，轩辕黄帝诞生于此，秦人先祖发迹于斯。50万亩（33 333.3公顷）优质核桃，是清水广大老百姓致富奔小康的希望。

基于优质核桃资源和清水县政府良好的招商引资政策，2018年10月，徐云峰和他的团队策划了卡麦尔核桃巧克力项目，计划投资1.2亿元，建设年产2000吨的核桃巧克力项目。清水核桃，西非可可，在清水浓情相遇，尽享丝滑酥脆。

2020年3月，项目建成投产。卡麦尔核桃巧克力成为从清水走向全国的优质农产品品牌，为清水乃至天水农业、旅游、文化发展起到促进作用。

（2）个人简介

徐云峰，男，汉族，1974 年出生，企业家、作家。现为天水万达电气有限公司、天水兆达农业科技有限公司总经理。

1993 年，徐云峰以优异的成绩考入天水师范高等专科学校化学系，在校期间担任团委书记、学生会主席等职务。学习之余的徐云峰酷爱写作，作品多次在校刊和报社刊物上发表。

步入社会后，徐云峰先后担任过国企团委书记，从事金融、教育、传媒、农业和工业等行业，2013 年攻读兰州大学 MBA，并获得研究生学历和 MBA 学位。

2015 年，徐云峰领导的研发团队被省委组织部授予"陇原创新人才团队"，是天水市第二个获此殊荣的团队；2016 年，徐云峰领导研发的"新能源汽车直流接触器项目"被省科技厅评为"科技小巨人"，奖励资金 100 万元；2019 年，徐云峰获得甘肃省质量协会授予的"甘肃杰出质量人"荣誉称号。

工作之余，徐云峰热爱写作，并于 2018 年出版个人随笔集《云在天上飞》；2019 年出版个人随笔集《心路一光年》。

2018 年，徐云峰发起"小书包、大梦想公益助学活动"，累计向十余所乡村学校，捐赠书包 3000 余个、书籍 1000 余册，价值 20 多万元。

（3）创业项目背景

农产品加工业是国民经济基础和保障民生的重要支柱产业。产业关联度高、涉及面广、吸纳就业能力强、劳动技术密集，在服务"三农"、壮大区域经济、促进就业、扩大内需、增加出口、保障营养健康与质量安全等方面发挥了重要作用。农产品加工业是农业结构战略性调整的风向标和建设现代农业的重要环节，是促进农民就业增收的重要途径和建设社会主义新农村的重要支撑，是满足城乡居民生活需求的重要保证。为促进清水县经济发展、解决富余劳动力的问题，实现企业健康成长及创造可观的经济效益，天水兆达农业科技有限公司投资 12 034.8 万元在清水县拟建核桃巧克力制品系列产品生产线。项目建成后，提升了当地核桃等农产品的优势，通过产品档次提升产品附加值，对提高农业产业的竞争实力、促进我市经济发展具有非常积极的意义。同时，项目可带动周边地区农业种植的快速发展，带动农民脱贫致富，使特色农产品种植真正成为富民强县的重要支柱产业，具有良好的社会效益。

（4）创业成就

2018 年成立天水兆达农业科技有限公司，着眼于清水 50 万亩（33 333.3 公顷）优质核桃资源，投资 1.2 亿元，开发建设年产 2000 吨的核桃巧克力项目，注册商标"卡麦尔"。项目占地面积 30 亩（2 公顷），基础设施建设 23 327.5 平方米。建设自动生产线 1 条，半自动生产线 1 条，年产核桃巧克力 2000 吨，已经进入批量化生产。正常年满负荷生产实现销售 24 000 万元，利润总额 2500 万元，税收 960 万元，项目安排就业岗位 120 余个，项目直接带动核桃种植户 1 万户，每户增收 1800 元。

2. 天水君研电子技术有限公司：张燕斌

（1）创新项目简介

项目采用单晶硅压力芯片为感压元件，通过单片机控制方式，对采集到的传感器信号进行非线性修正、温度补偿、信号放大等处理，完成信号采集与处理新方式。通过 SDI-12 总线协议或 MODBUS RS485 总线协议实现产品信号的远距离传输与智能化，结构上采用带过滤网的全焊接结构，可在复杂环境中应用的高精度、高智能型深井液位产品。以此技术为基础，拓展出高精度压力类系列产品并建成可批量生产的高精度智能型产品线。

张燕斌于 2012 年在天水成立天水君研电子技术有限公司，并于 2016 年搬迁至陕西省宝鸡市。目前是一家集压力、温度传感器研发、生产、销售、技术服务为一体的高科技企业，主要涵盖产品有压力变送器、液位变送器、温度传感器、称重传感器、流量计、测试设备等自动化控制产品，公司长期对外提供相关业务的技术服务和压力测控解决方案，公司产品远销欧美、新加坡等国家。

（2）创新项目背景

随着工业智能化高速发展，工业集成系统对传感器的精度和智能化要求越来越高，目前国内的高精度产品主要依赖进口，为了打破这种产品垄断，项目针对深井液位测量的关键技术开发出符合 SDI–12 或 RS485 总线协议的高精度液位产品。

（3）创新项目创新型

①小外形的结构设计；②选用温度系数极低的二甲硅油；③内置电池供电，在不同情况下可以随意切换，满足无法外接电源和无线传输的场合；④相关性技术，采用相关性技术消除了由于电压不稳造成的波动；⑤传感器前端和壳体对焊，解决充油后焊接难的问题；⑥进压端加过滤网适应多种场合测量。

（4）创业历程

2012 年张燕斌参加了在德国纽伦堡举办的"SENSOR+TEST"展览会，在会上他看到了国内传感器产品和国外产品的差距，同时也看到了传感器在未来工业领域的应用前景，回国以后萌发了创业的想法，同年成立了天水君研电子技术有限公司，主要以传感器产品的研发、提供行业解决方案、信息技术服务为主。2016 年公司搬迁至陕西省宝鸡市，建成一条年产 2 万台的压力、液位、温度传感器的生产线，专注压力、液位、温度传感器的研发、生产和销售。

（5）创业成就

目前创业团队有 4 人，张燕斌毕业于天水师范学院工学院机械电子工程专业，曾在天水华天传感器有限公司（国营 749 厂）工作 10 余年，目前主要负责传感器、变送器的新产品开发和销售。石宝玉，在变送器生产行业 10 年，积累了相当丰富的实践经验，目前主要负责产品生产线的管理；辛建元毕业于天水师范学院，研究单片机控制多年，目前主要着力于产品的研发和改进；成祥在焊接方面有多年经验，曾改进过多种难度较高的焊接工艺，目前主要负责产品的工艺改进。

通过 4 年的努力，目前已经建立一条年产 5 万台压力、液位产品的生产线，公司员工 20 余人，已累计生产 10 万余台压力、液位产品，产品远销欧洲和美国等，累计实现销售额 2000 余万元，上缴税收 100 余万元。同时公司还成立了技术研发部，对目前行业难点产品重点公关，其中高精度深井液位计的研发已经取得了比较突出的成绩和经济效益，新品获得实用新型专利一项，一项发明专利正在审批中。

创业的几年中，张燕斌等人也有了一些感悟：一是要有信念，所谓不忘初心、方得始终，在创业的路上，我们一直坚信，只要我们拥有良好的初心，方向是大致正确的，坚持下去，就能够成功。二是依靠团队的力量，团队中的每一个人都是不可或缺的，只有各骋所长，不计较个人得失，才能凝聚成一股强大的力量。三是不断学习，我们从一个技术、生产的生产者转换成创业者，我们学习营销、管理、财务知识，不断学习、研究市场上新的产品，只有在不断学习中，才能不被市场淘汰。四是学会感恩，感恩一路上帮助过我们的人，学校的教师、信任我们的客户、支持我们的供应商，只有常怀感恩之心，我们才能走得更远。

3. 正和阳光科技有限公司：王俊瑞、黎建刚、王韬

（1）创业背景

中国的光伏发电于 20 世纪 80 年代起步，在国家"六五"和"七五"期间，中央和地方政府首先在光伏行业投入资金，使得中国十分微小的太阳电池工业得到了初步发展，并在许多地方做了示范工程，拉开了中国光伏发电的前奏。光伏产业的发展经历了成长起步阶段、产业化发展阶段、规模化发展阶段。

1984 年，云南半导体器件厂从加拿大、美国引进了太阳能电池生产线，这是国内最早引进的太阳能电池生产线。

1998 年，天威英利承建了国内第一个 3MW 多晶硅电池及应用系统的示范项目。

2003—2005 年，受欧洲光伏尤其是德国市场需求的拉动，我国产业制造能力、出口能力大幅提高。

2004 年，光伏制造产业产能达到 50MW，随后几年，年增速均维持在 100% 以上。

到 2005 年年底，全国能源装机容量约 3380MW，其中光伏发电装机达到 70MW。

2009 年，"金太阳"示范工程和"光电建筑应用示范项目"开启两轮光伏发电项目特许权招标，我国光伏电价进入 1 元时代。

2011 年，首个以风光发电控制、储能系统及智能输电集成技术为重点的国家级示范工程"张北风光储示范工程"建成投运。

到 2012 年年底，全国新能源装机约 74.98GW，其中光伏发电累计并网容量 6.5GW，位居世界第五位。

2014 年，国家能源局、国务院发布《关于"光伏扶贫"工作的会议纪要》，光伏扶贫拉开序幕。

2015 年，世界上单体容量最大的"水光互补"项目龙羊峡 850MW 水光互补光伏电站全面建成并网。

2016 年，全国首个光伏领跑者基地综合技术检测平台和"领跑者"先进技术实证平台——山西大同光伏发电基地并网投运。

2017 年，中国多晶硅产量超 24.2 万吨，占全球总产量的 55.5%，我国多晶硅、硅片、光伏电池生产规模均居世界第一，自主研发的单晶电池转换效率多次刷新世界纪录。

太阳能光伏发电在不远的将来会占据世界能源消费的重要席位，将成为世界能源供应的主体。预计到 2030 年，可再生能源在总能源结构中将占到 30% 以上，而太阳能光伏发电在世界总电力供应中的占比也将达到 10% 以上；到 2040 年，可再生能源将占总能耗的 50% 以上，太阳能光伏发电将占总电力的 20% 以上；到 21 世纪末，可再生能源在能源结构中将占到 80% 以上，太阳能发电将占到 60% 以上。这些数字足以显示出太阳能光伏产业的广阔发展前景及其在能源领域重要的战略地位。2014 年 10 月正和阳光科技有限公司成立；2017 年 7 月西安正和电力设计有限公司成立；2018 年 12 月甘肃五方项目管理有限公司成立；

2020 年 11 月甘肃新能电力技术有限公司成立。

（2）公司简介

①正和阳光科技有限公司

正和阳光是一家专门从事光伏、风电等新能源发电项目建设的专业化企业；是一家专门提供新能源发电项目开发、设计、施工建设、调试到运营维护一体化解决方案的绿色能源服务商。

正和阳光是一家高新技术企业。公司注册资金为 1 亿元，具有电力工程施工总承包资质、建筑工程施工总承包资质、承装（修、试）专业资质；具有从事电力工程、建筑工程施工所需的各类机械设备、调试设备及试验设备，能够满足相关工程的施工需要。公司共有工程技术人员 54 人，其中高级工程师 1 人，注册电气工程师、注册结构工程师 4 人，注册建造师 8 人，中级及以上技术职称人员 30 多人，各类人才的加入为公司的发展提供了强有力的技术保证。同时公司还通过了 ISO9001 质量管理体系认证、ISO14001 环境管理体系认证、ISO18001 职业健康管理体系认证。目前，公司已经具备了从事大型新能源发电项目 EPC 的综合实力。

②西安正和电力设计有限公司

西安正和电力设计有限公司是一家专注于新能源、输变电等电力设计业务领域应用技术、科学研究开发的高新技术设计公司，能够为客户在光伏发电、输变电业务领域，提供"创新、高效、简明"的"收益最高"的全套设计和咨询服务，引领设计技术潮流，为全球节能减排、低碳环保型社会建设，推进绿色可再生能源的发展做出应有贡献。

西安正和电力设计有限公司下设湖南分公司、杭州分公司、新疆办事处、宁夏办事处、甘肃办事处、内蒙古办事处，市场布局全面，能够快速响应客户需求。公司具有电力行业（送、变电工程）设计乙级资质、新能源发电设计乙级资质和风力发电设计乙级资质的企业，能够承担电力工程 EPC 总承包、220kv 及以下送变电工程设计；岩土工程勘察、工程测量业务；光伏发电站设计、EPC 总承包、咨询、光伏设备选型评估及光伏电站质量评价等全生命周期范围内业务。同时也已通过了 ISO9001 质量管理体系认证、ISO14001 环境管理体系认证、ISO18001 职业健康管理体系认证。

公司始终坚持人才队伍是第一生产力，将搭建高绩效人才梯队作为第一要务，已经建设了一支"敢打硬仗、能打硬仗、善打硬仗"的高素质人才队伍，拥有电气、结构、建筑、总图、线路、通讯、水工、勘察等专业中高级设计人员 100 多人，注册电气、注册结构等各类注册工程师 11 人，硕士研究生占比 32%。公司配套齐全、专业先进的测量仪器和设备，配备 GPS、全球仪、工程检测仪、静力触探仪、经纬仪、剪力仪等设备，具备独立完成全套设计项目的实力。

③甘肃五方项目管理有限公司

该公司主要经营招标代理、政府采购；工程项目建设、工程造价咨询管理；工程监理报告；工程项目预决算、审计、咨询；环保技术开发、技术转让、技术咨询、技术服务；建设项目环境影响评价咨询、安全评价咨询；环境监理报告、可行性研究报告、建设项目选址论证报告、节能评估报告、排污评估报告、环境应急预案、社会稳定风险评估报告、环保标准化建设评估报告的编制；清洁生产技术服务；水土保持方案报告编制、监理、监测；环境监测、职业卫生健康评估与检测；消防安全评估；消防工程、消防设施监测、维护、保养；电器设备设施监测、消防电气防火检测、防雷装置监测；地质灾害危险性评估，地质灾害治理工程监理、设计、勘查；土壤修复；水处理及自动化控制技术的研发、设计；分析仪器、环保设备销售及安装、维护等。

④甘肃新能电力技术有限公司

该公司专门投资分布式光伏发电项目。目前投资了甘肃省镇原县五方国际商贸城1兆瓦屋顶分布式光伏发电项目。该项目总投资额为300万元，设计寿命25年，预计5到6年收回成本。项目建成后预计每年平均上网电量125万千瓦时，与相同发电量火电相比，每年节约煤485吨、减排二氧化碳1250吨、二氧化硫40吨、氮氧化物20吨、粉尘350吨。同时既可以为当地贫困户提供就业岗位，也可以为当地政府增加税收。

面对激烈的市场竞争，公司秉承"敬业、进取、高效、节约"的企业精神，贯彻"以市场为导向、以设计为龙头、以工程为主体、以质量为生命、以创新为动力"的经营方针，积极开拓新能源开发市场，努力发展新能源发电相关业务，不断完善质量管理体系，强化售后服务工作。竭诚为客户提供最优的新能源开发方案。公司全体员工决心共同努力，为把公司打造成为经营状况良好、综合实力强大、管理机制先进的新能源公司而努力奋斗。

（3）创业感言

如今，回顾这些年来的创业历程，首先，我们要感恩伟大的祖国和伟大的时代。习近平总书记对民营经济地位和作用的充分肯定，为民营企业健康发展指明了方向，让我们吃下了"定心丸"。如果没有伟大祖国的发展，没有国富民强作为最基本的后盾，就没有我们创新求变的平台，就不会有我们今天的发展。

其次，我们要感恩广大客户和各位员工的支持和帮助。感谢广大客户朋友对正和的理解和信任。正和承接的每一个项目无不饱含着你们对正和的巨大信任和支持，你们的信任是我们加快创新、提高质量、提升效率、超值服务的最强动力。我们的每一位员工，不仅仅是员工，更是我们的兄弟姐妹。正和的每一次成长都离不开你们的付出和帮助，你们才是正和最坚强的后盾。开拓进取，创业无限；团结协作，勇挑重担；经营人生，追求卓越；超越自我，创新求变。舍小家，顾大家，为了正和的发展，所有人无私无畏，忘我奉献，是你们与正和同呼吸，共命运。正是风雨同舟，不放弃、不抛弃的执着和勇气，才成就了正和今天的发展。今生有缘与你们同行，共同走在产业报国的大路上，共同走在创新求变的道路上，我感到格外的自信、充实和温暖。

再次，我们要感恩曾经的苦难。大家觉得贫穷是可怕的，都在追求美好生活，都在渴望拥有舒适的工作环境、生活环境和学习环境。正和的奋斗目标也是创造这样的环境。正和诞生在西部最贫瘠的沙漠，无论是自然环境、工业基础，还是人才、市场、资源条件等都无法与发达地区相比。可是，母校教会了我们"在困境中求生存、在奋斗中谋发展"，正因为有了这样的信念，我们才能艰苦创业、不畏艰难，我们才会用汗水来改变命运，用创业来改变环境，创造环境，建设好的环境。我们认识到先天的不足，才会吸引、吸收全社会的各类优秀人才，共同创业发展，共同推动理想的实现。正是有了这样一种信念，在这样艰苦的环境下，我们用汗水浇灌的事业之花才会比正常环境中的花更有生命力。大家以苦为乐，苦中作乐，不畏惧困难。正因为如此，我们这个在大漠深处、边缘城镇恶劣环境中生长的幼芽，才能在大漠中经风雨、经沙暴、经炎热、经饥渴而茁壮成长，当它从新疆走向全国，走到了更好的自然环境、更好的市场环境、更好的资源环境中去时，它便会更好更快地成长和发展。因为我们在最艰苦的环境下生长，我们知道创业的艰辛与来之不易。在新的环境中即使遇到新的困难、矛盾和问题，我都会认为那是暂时的，不会怨天尤人，埋怨社会、埋怨自身的企业；而是不再等待，不再彷徨，不再观望，想方设法通过形成共同奋斗的价值观去改变、战胜、克服它。试想一下，如果温室的花朵来到我们西北的大沙漠中，很快就会枯萎死掉。无数来疆创业又离开的人，就证明了这一点，因为他们已适应了阳光雨露，难以适应恶劣环境。他不会把这种环境当成他自己的家园，更何谈用双手去创建呢？正如《谁动了我的奶酪》中描述的那样，面对变革，抱怨、等待和变革三种人不同的命运一样，只有大家都开始主动求变、主动创造、主动创新，社会才会发展和进步。有了这样的一种文化，就可以增强团队凝聚力。改变自我，就可以改变企业。先有自我的改变，才会有企业的改变，最后才会有整个社会的进步。

最后，我们要感恩创造。创造是分享的源泉，没有创造就没有分享，这是被古今中外无数个企业都证明过的不争事实。我们常说日本东京发展条件好，美国纽约发展条件好，可是它的"好"不曾融入你的创造，你去的时候，优秀的企业已经人才济济，创业的征程已经完成，没有理由把成果与你分享。我经常听到大家抱怨合资企业的外籍老总一个人拿了数百万的工资，比国内全部雇员的工资还要高，大家认为不公平，他的本事再大也大不到超过所有人的程度吧。我想告诉抱怨者的是，你看得太狭隘了。如果说直接贡献，他的确没有很大。但因为他是当初的建功立业者，现在的成果就应当与他分享。而国内的员工不曾为这个企业创造过，所以不会将成果拿来分享给你。也许你像外企的经理一样几十年如一日的创造，未来才会有你分享的机会。可是人家的创业已经完成了，机会不多了，即使你像他一样努力，几十年后你可能仍然没有分享的机会。那么，哪里是你的创业沃土，哪里是你今天创造明天的机会呢？我认为大西北就是这样一块热土，正在崛起的新疆有着无数机遇。新疆已成为我国的资源基地、能源基地，成为我国面向中亚、南亚发展的战略基地，把乌鲁木齐建设成为这一区域的国际化大都市，牵引这一经济圈崛起的各项战略已全面铺开。这一国家战略为我们在新疆的发展提供了千载难逢的历史机遇。正和愿意为大家提供这样的发展平台，如果你不去珍惜它，你不去创造和发展它，你还想去到什么样的发展环境中去呢？北京好，上海美，与你有什么关系呢？你没有创造它的昨天，有理由分享它的未来吗？如果我们不去奋斗，不去创造，不去用双手建设我们的家园，再过 10 年到 20 年，乌鲁木齐的繁花似锦，与我们又有什么关系，我们又如何分享它的未来呢？在当前这个社会没有创造又哪里有机会去体验公平、分享收获呢？哪里有更大创造的平台，更好创造的舞台，哪里就应当成为广大优秀人才追逐的事业起点。

愿我们的明天更加美好，我们的事业蒸蒸日上，我们的祖国繁荣富强！

4. 陕西君研科技有限公司技术总监：辛建元

（1）创业项目

辛建元带领团队设计了一种基于物联网的压力、温度数据远程采集预警系统，主要用于石油钻探、化工冶炼、水文观测、消防监测等工业现场。该系统主要由数据中心服务器、监测预警软件、压力与温度采集节点和 NB-IOT 物联网传输平台组成，并能直接迁移到智慧农业、智能物流、智能交通、智能电网等行业。

压力与温度采集节点由锂电池供电，安装于各类工业设备上面，并将采集得到的压力与温度数据经过数据封装，通过 NB-IOT 物联网模块发送到中国电信天翼物联网云平台，数据中心服务器与中国电信天翼物联网云平台对接，取出数据，并由监测预警软件处理，通过网页的形式展现出来，可以做到工业现场设备的实时监测、提前预警和数据分析，从而更好地对工业现场设备的运行情况做出监测与评估，避免当前由专业人员进行设备故障排查而大量投入人力、物力和降低企业运营成本。

（2）项目创新性

就工业现场监测设备的信号传输而言，其经过了以 4-20mA、0-5V 模拟信号为主的模拟时代到 RS485、CAN、SDI-12、M-Bus 等以数字信号为主的工业现场总线时代，再到以 ZigBee、蓝牙等为主的无线区域网过渡时代，现已进入以 LoRa、NB-IOT 等为主的物联网时代。其具体创新性如下：

①监测设备的供电方式由传统的电缆供电改为了锂电池供电，监测设备运行在超低功耗模式，单节锂电池可满足 3~5 年的设备运行供电，有效地解决了敷设电缆线造成的施工问题并降低了整体成本。

②在传统的模拟信号传输、现场总线传输和区域网传输的方式下，其传输距离受到电缆线长度和网络覆盖范围小的限制，使得工业现场远距离设备的数据监测变得困难，而采用 NB-IOT 物联网传输模块，其应用不受地域限制，可有效解决传输距离远的问题。

③本数据监测系统可以将监测到的数据按时间进行存储，形成数据中心，通过对数据的分析处理，使其形成动态监测图像，从而掌握工业现场设备的动态运行状态，更好地对工业现场做出提前预警与故障排

查。而存储的数据，可以被进一步挖掘其潜在的利用价值。

（3）创业历程

在建设之初就从市场运营、研发设计、生产销售等方面考虑，以公司合伙人的形式创建，核心骨干有4人，辛建元毕业于天水师范学院物理专业，全面负责产品研发设计工作。另外还有会计、出纳、销售、内勤各1人，生产作业员5人，软硬件研发人员2人。

（4）创业成就

在团队的不懈努力下，公司在行业内的声誉不断提高，其产品在行业内也不断得到认可，尤其自主研发设计的物联网温压一体压力仪表和IIC接口压力传感器，得到了行业内广泛的好评，并投入了批量生产。

公司的发展从最初的3人到现在的20多人，由一家公司发展为两家公司，各部门逐渐完善，公司制度不断建立并健全，整体上呈现稳步前进的趋势。

在4年多的创业历程中，团队精诚合作，全力投入，以工业压力变送器的生产销售为基础，以新型产品的研发设计为前进方向，攻坚克难，不断突破，稳扎稳打，一步一步将企业做大做强。回想四年企业历程中通宵加班解决问题，拜访名师取经问道，实属不易。在艰苦创业的中，团队自身也成长了许多，同时也非常感谢一路走来帮助过我们的每一个人，感谢母校天水师范学院的关注，我相信，通过团队的不懈努力与社会各界的帮助，企业会一步一步成长壮大，并为祖国工业的发展贡献一份微薄之力。

5. 阳光之美天水校区投资人：李雨洲

2016年6月，李雨洲毕业于天水师范学院学前教育专业，现为阳光之美天水校区投资人，创办企业阳光之美天水校区、芝麻街英语天水校区。

（1）创业项目简介

本项目是以加盟全国新型教育品牌进入天水，以 3~18 岁美育教育，3~16 岁英语教育为主。国家加大美育教育后，80 后、90 后家长对孩子的教育需求逐渐增大，教育启蒙越来越早。

（2）创业历程

为了增大大学生创业项目成功的概率，我们团队多次在全国考察优秀教育品牌，其中在 2018 年 10 月我们走访了位于北京市的阳光之美与芝麻街英语，作为全国优秀教育品牌，他们优质的课程体系深深吸引着我们。我们于 2019 年将这两个品牌带入天水。

（3）创业成就

目前创业团队有 20 个人，创业团队负责人马蓉、李雨洲主要负责整个项目的运营销售、团队管理等总体工作，剩余教师负责授课。创业团队公司注册，公司名称为：阳光之美美术培训学校有限公司，芝麻街培训学校。公司前期注册资金为 20 万元。

通过前面一段时间的努力，创业项目也取得了较大进展，在整个过程中，虽然充满着艰辛，但是经历过这些之后，我们发现，只有经历过痛苦，自己才能蜕变，离成功的目标也会越来越近。

创业的道路必定充满荆棘、坎坷，但是我们相信，只有在各种困难前面不放弃、不抛弃，通过团队的不懈努力与奋斗，成功才会在我们眼前展现！长风破浪会有时，直挂云帆济沧海，团结一致，不懈努力，我们坚信成功就在眼前！

6. 天水动鸣健身管理有限公司总经理：田冬冬、姚天明

田冬冬 2011 年毕业于天水师范学院体育学院运动训练专业。由于父亲一直身体不好，常年跑医院，所以上大学的时候，他就有一个梦想，拥有一家自己的健身俱乐部，用所学知识和良好生活习惯改善民众健康。在毕业的 5 年中，从给别人打工、发健身传单到现在成为"天水动鸣健身管理有限公司"的总经理，实现了上学时的梦想。

"天水动鸣健身管理有限公司"是田冬冬和他唯一的合伙人，天水师范学院毕业的同学——姚天明于 2014 年共同创立的。公司的名称就源于他们的名字"冬，明——动，鸣"，青春的梦想，少年的壮志，"不动则已，动起来就一鸣惊人"！当时，除了拥有梦想给予他们的动力，更多的是，没有背景，没有充裕资金造成的社会阻力和压力。但是，两年的时间，他们创立了两家大型健身会所，总面积超过 6000 平方米；一家装修装饰公司——"动之鸣装饰工程有限公司"。目前，公司有全职和兼职员工 100 多名，超过 5000 名的健身会员，每年服务健身人次超过十万人次。公司被天水市体育局授予"全民健身指导站"；是市级青少年体育俱乐部；还是秦州区全民体质监测站；更被母校天水师范学院体育学校授权成立社会体育指导员实习基地；且是北京康比特营养品天水地区指定经销商。他们深感肩上责任无数。

很多人会说，短短时间，田冬冬、姚天明干得真成功，但是，这两年的苦和累只有他们自己知道，并且如今依然在艰难前行着。又有很多人说，健身市场好，赶上好时候，赚钱很容易。但其实健身行业的要求真的很高，专业技术要求不亚于医院。为什么他们能坚持下来，完成打工到创业的转型，田冬冬想和学弟学妹们分享一下经验和体会：

首先，你必须有诚实、勤俭、善良、积极向上的个人品格。没有为社会创造价值的正确价值观，做事必然会失败。

其次，你必须得爱学习。因为信息社会，技术能力，资源对接，人际关系，都需要通过学习和行动来提升。

最后，你必须做事脚踏实地，不浮躁，不虚荣。你愿不愿意从最简单的事情做起，比如健身行业的发传单，坚持比其他人发得认真，及时收集客户反馈信息，进行不间断的各种形式咨询、回访、帮助等服务，获得客户的认可。不断总结，转变为管理发单人员；再继续努力晋级，最后做到管理层，走进老板办公室。

要做一个"有心人"，用心去看市场经济规律，找到解决问题的根本！用心看到了商机，用心学会待人，用心明白了谦恭，用心理解了不公，用心学会了坚持，最终，用心学会了做人。用心做人且有能力，就已成功一半了。

成功是一场时间管理！你会管理你的时间吗？一件事情，磨磨叽叽几个小时，其实计划好程序认真地工作，一个小时就能搞定，这就是效率！提高效率，找对方法，合理运用工具，你就可以两天完成别人要五天才能完成的工作，别人五年的路，我们一年走完。用时间的成本换取更多的工作效率和利益，这样，在30岁的时候，你就会拥有比同龄人更优越的生活资本。

学弟学妹们想创业，必须懂得创业不是一件很容易的事情，因为当老板就意味着更多的责任，更多的放弃，放弃娱乐的时间，放弃松散的思绪……你不能指望被所有人理解，要学会承受和担当，包括失败。人们常说"有容乃大"，创业的路上有太多的曲折和各种阻碍，没有合作，没有信任，没有帮助，你终将一事无成，这些，都是平时做人做事的积累，所以不要小看你现在每一分的学习，每一分的付出，不要过分仰望成功者的光环。你们没有看到创业初期，为了节省每一分钱，我们自己劳作到凌晨的状态；为了提高管理水平，数个不眠不休学习的夜晚；为了融资，四处奔走借贷的窘境。

学弟学妹们想创业，先得有颗勇敢的心。每个创业者都是从怀揣改变世界的梦想开始的，最终大多数却发现这是一个与生存相关的路程。在创建公司经历了最初的兴奋与激动后，需要面对的是真实残酷的现实：一个充满质疑的世界。作为一个创业者必须学习处理这些问题并坚持专注于你的产品、服务。而这个关键在于，在激情创建之后，你需要有充足的资金来维持事业的运转。实际上，赚钱并不是最终目标，而是创造一个优秀企业以及服务。大多数创业者都会因为资金问题而被迫中断，只有对自己的创业之旅充满激情的人才会以坚韧的精神克服一切困难。在创业过程中，事情并不会按照计划好的那样发展，往往都是变化无常的，还要及时预测规避风险。

目前，动鸣作为一家主要以健身管理为主的公司，正在慢慢地影响着天水市及周边地区的全民健身观念，更专业、更细致的服务理念一直是我们作为公司化运营的核心思想。动鸣在 2016 年有很多目标要去实现，其中一个目标就是实现免费为高校以及社会青年提供专业健身培训，实现指导就业目标！真正为全民健身的国家战略目标做好助力工作。我相信国家政府会真正关注到我们，为我们提供保障，为我以及我的团队作为创业者本身提供便利，使我们真正为社会做出贡献！学弟学妹们，以上我的经验如果能帮到你们，我很高兴，因为我们都需要为生命负责，不负光阴，不负自己，让我们共同前行，加油！

第二节　在校生创业

1. 天水师范学院校联派校园服务平台

（1）创业简介

2018 年大一寒假，我在网络上接触到微信公众号和小程序，了解了其功能和作用，便有了利用它们来做线上校园外卖的想法，遇到合伙人后大家一起探讨，具体规划为以下几个部分：平台制作，团队招募，线上线下宣传，商家签约，骑手和商家 APP 制作。初步阶段我们是所有部分一起进行，商家签约前期比较困难，在沟通交流下签约 54 家。其次就是骑手的选择，这个职业本身就是比较辛苦的，学生还是以学习为主，于是我们将时间段修改，主要是饭点提供校园外卖，其他的方面都是全天开放。平台在运行一学期后，我们遇到了较多的问题，比如取餐时间较长，饭点人多拥挤，骑手的安全问题，等等，在详细考虑后我们将问题合理地解决了。大二第一学期，我提前去学校，再次核对商家信息和添加新的商家，再次测验平台稳定性。这学期营业额明显上涨，加入我们的创业团队的人也越来越多，在其他方面也取得了一定成果。

我们的服务平台，以学校资源为主，校周边地区资源为辅，建立集校园订餐、校内跑腿、校园兼职、二手信息、失物招领、表白墙、校园论坛、校园服务大厅、查询课表等于一体的"学、吃、喝、玩、乐"的平台，从学习、生活、交际等多个方面为学生提供便捷的服务，使资源得以利用，贴近学生生活。

个人的想法、经历、知识总是有限的，能力也是有限的，拥有一个好的团队就能各取所需，各展所长，互补其短，合作互利，协作共赢。现在这个信息爆炸的时代，每天都有新的事物产生，新的理念出现，如果跟不上时代的潮流，就会被市场淘汰，创业者要时刻保持头脑冷静，与团队打好协助关系。

(2) 具体内容

据我们调查发现，现代大学生校园生活丰富，使用美团外卖、淘宝等新时代产物频率高。淘宝、外卖固然方便，但学校校区大学生多，上下学高峰期在食堂吃饭很拥挤，去校外取快递尤其是校内学生去南校区取快递路途略远。在互联网时代，用互联网平台让学生享受更快捷的服务，从而能够有更多的时间做更有意义的事。当今社会市场竞争激烈复杂，而学校相对而言还是比较平静的。就目前校内而言，没有一个统一的、全面的，能够包含校园学生学习、生活、交际的平台，我们从天水师范学院学生和校园实情出发，建立平台，为学院学子提供综合服务。节约学生的时间，为学生提供更加便利的条件，使学生的学习和生活效率更高，这些需求就是我们平台设立的出发点。调查问卷显示，学生们对该平台支持度很高，急切希望平台能快速建立并发展，为天水师范学院师生服务。该平台以保证服务质量、用户使用快捷和方便为宗旨，同时我们还将加大宣传力度，让校联派在学校成为人人知晓、人人会用的平台。此外，平台建设既能培养我们的创业实践能力，也能培养大学生的职业技能、创新意识和团队协作精神，在实践中不断积累技能与经验，为今后就业或创业打下坚实基础。公众号将上线校园订餐、校园跑腿、校园兼职、二手信息、表白墙、校园论坛、失物招领等功能。我们对每种服务制定合理的收费价格，及时参考用户反馈，形成质优价廉的服务，并做好用户体验及团队打造，为下一步发展做准备；利用线上和线下宣传得到平台推广，加大同学对平台的了解和对平台的使用。在我们实践的一年中，总营业额不断攀升，团队也由 3 人变成了 11 人。整个过程是艰苦的，也是收获满满的，自主创业对我们来说是机遇也是挑战，锻炼更多的是思考能力和交际能力，为走向社会打下坚实的基础。

企业产品开发历程，我们的公众号以及小程序是与甘肃睿德科技有限公司合作制作的，在两个月的时间里实现了平台的正常运行，店铺装修，商家接单正常，美工设计等平台操作，也同样升级公众号为小程序，更加方便快捷，平台所有的管理归团队所有，主要集中在处理撤销订单，及时联系买家处理差评，商家资金管理，平台运行稳定性等。面对复杂的程序我们耐心了解，学会操作。

我们的经营模式，利用现有的配送系统，完美地连接商家和学生，利用开发和维护外卖平台，并且平台提供商不会参与经营，不会抽取提成，只提供技术支持。在学校为学生提供点外卖的平台，这样才能让学生体验到在手机上就能点餐，同时我们还利用系统更方便地管理学校外卖，在配送员方面可以招聘全职、兼职的同学，这样不仅进出校门不会受限，还可以送餐上楼。搭建好外卖平台，就可以邀约学校周边有安全许可证的餐厅和校园内部餐厅到自己搭建的平台，再让学生通过自己搭建的外卖平台下单，最后让自己招聘的学生配送员进行送餐。我们利用快跑者配送系统配备有用户端、配送端、商户端和管理端，同时提供调度中心、分站管理等增值功能，适用于多个场景，校园配送、CBD 外卖配送等。系统有 3 种派单模式，分别是抢派混合模式、智能派单模式、中转收单模式。其中，中转收单模式就是针对学校配送特点而设计的，系统可以根据集中化区域商家和最终用户的所在位置，合理划分中转站，用来做订单的配送分拣。让校园集中配送更加高效，通过食堂商家、周边商家入驻和自营店铺相结合，资源越丰富，运营难度就越低。

我们对未来的规划是组建团队实现公司化，分级管理，形成正规统一的团队。基于微信用户的广泛性，平台通过微信公众号、微信小程序来实现，使学生们使用的门槛更低、更便捷，深受学生喜爱。平台管理端、商户管理端使用 APP 和 PC 端相结合，管理方便，快捷。可以依靠属于学生自己的校园服务平台，专门为学生服务，提供属于学生的便捷服务。

创业初期经历签约商家、招聘派送员、线上线下宣传等，遇到过许多困难，商家对新平台的质疑，派送员对工资和工作量的不满意，宣传手法受到阻碍等，但后来在团队的齐心协力下，一切都得到合理解决，并且我们的口碑越来越好，单量也大大增加，我们团队也加入了许多新的活力。

我们团队创业刚开始，就在天水师范学院科技园点子风暴中获得一致好评，第一批加入天水师范学院科技园同时获得办公室以及其他设施，在之后的创新创业大赛中也取得了优异的成绩。

2. 名将体育

（1）创业项目简介

名将体育是开展主营青少年专业训练营、体育文化赛事策划举办等业务活动，致力于搭建线上与线下的体育用品销售平台，拓宽与夯实服务社会中小学生群体，立足开放与提高学校体育场馆社会化服务的价值功能，拓宽体育教育学生专业素养、搭建学生实训平台，精准打造甘肃省内首支品牌化青少年体育训练营，充分提高中小学生身体素质、培养体育运动兴趣、推进全民健身计划及全面加大对地方社会体育服务，充分完成以"自主创业，融合产教"为核心的大学生创新创业校内孵化基地建设，重点带动大学生自主创业服务功能、增设就业岗位，提高地方体育经济产业化发展，普及与提升青少年体育培训的推广程度、社会化认同与服务功能。

（2）创业历程

工作室成立初期，团队共 3 名成员，购买经营设施投入 6 万元，于 2019 年 10 月初开始营业，主要开设篮球、足球、体育轮滑 3 个项目，共计招生 60 余名；2020 年年初，受疫情影响，在省防控新要求下公司停止一切线下营业，并于同年 2 月搭建公司网上体育健身指导课堂和线上体育用品批发和零售平台；同年 10 月，在疫情好转下得到地方政府许可开始营业，并与天水师范学院体育运动与健康学院合作，引进国外中小学学生体质监测数据进行数据监测、西安知名青少年体适能"莱恩运动"体育公司，并组织体育学院学生培训。10 月 15 日围绕师院教职工子女的公益性"青少年体育训练营"开班，拓宽与夯实服务社会中小学生群体，立足开放与提高学校体育场馆社会化服务的价值功能，拓宽体育教育学生专业素养、搭建学生实训平台，精准打造甘肃省内首支品牌化青少年体育训练营。后期将紧紧围绕青少年体育训练营的品牌化构建，完成以"自主创业，融合产教"为核心的大学生创新创业校内孵化基地建设，并提高青少年体育培训的推广程度、社会化认同与服务功能。

（3）创业成就

名将体育工作室创设于2020年，开展"青少年体育训练营"是为贯彻落实习近平总书记在教育文化卫生体育领域专家代表座谈会上的讲话精神，以丰富校教职工子女业余文体生活，提升教职工子女身体素质和体育教育专业学生教学技能，发挥体育运动与健康学院师生专业优势而成立的公益性组织。工作室与体育运动与健康学院合作，开班前聘请国内知名体育公司"莱恩运动"、美国NIKE公司旗下大中华区签约教练培训机构的"明星导师"针对孩子的年龄特点和培训项目内容，以先进的教育模式、授课理念、教学方式结合理论讲授、技术讲解、动作示范等方面为学生教练员进行系统性的专业培训，重点围绕"提高学生专业技能多面化和拓展体育专业学生就业面、搭建企业青少年训练营专业教练员体系"为培训目的，培训结束后合格人数达300人，在教练员选拔过程中有40名教练员脱颖而出，成为一期教练员，形成教练员团队。

训练营的成立得到了校工会、校体委、教务处的大力支持；目前，共有220名学员，训练营的成立深受教职工及适龄青少年的认同，前期的努力让我们更加坚信，只要不断努力，后面的成绩将会更加精彩！

3. 格领科技工作室

（1）创业项目简介

团队主要为土地利用、城市规划、林业、农业等不同的行业提供测绘地理信息以及行业应用的服务。

（2）创业项目背景

测绘：为顺应时代发展，主要承接摄影测量与遥感方面业务，尤其以无人机摄影测量为主，工作室主要进行无人机内业数据处理，例如：正射影像的拼接、航测三维模型的合成、模型单体化、无人机影像的批量整饰等。同时也承接宗地确权、对外业采集数据的标准化处理。

地信：经营对各类地图的编制与整饰；生产各类比例尺的地图（DEM、DTM、DOM 及 DLG 产品和三维模型）。

遥感：主要进行遥感影像的目视解译工作，以及各类遥感影像处理工作，包括遥感影像的预处理、水体分析、植被分析，以及地物检测等。

项目得到国家及学校对于大学生自主创业的政策支持、国家政策对于测绘地理信息行业的扶持。

（3）创业历程及成就

我们创业团队于 2018 年年底开始筹备，2019 年 3 月入驻天水师范学院科技园，同年 11 月进行工商登记，完成公司注册，公司名称：格领科技工作室。公司成员不断进行项目承接，以下为我们所承接的项目：

①2019 年 3 月，承接价值土地经营权项目；

②2019 年 4 月，承接第三次土地利用调查项目；

③2019 年 5 月，第二次承接第三次土地利用调查项目；

④2019 年 5 月，建立天水师院三维模型景观图，并于 10 月校庆赠送母校；

⑤2019 年 7 月，承接修桥的三维模型项目；

⑥2019 年 10 月，承接无人机正射影像阴影擦除项目；

⑦2019 年 11 月，承接宅基地确权项目；

⑧2019 年 12 月，承接陕西天润智慧城市的模型单体化项目；

⑨2020 年 6 月，带领工作室成员参与黄委会遥感影像解译工作；

⑩2020年9月，带领工作室成员参与中科院生态研究所遥感影像目视解译项目；

⑪2020年10月，承接陕西天润智慧城市的基础建设项目，该项目正在进行。

经过团队的不懈努力，目前我们创业项目的社会认可度也不断拉高：

①2018年10月获得天水师范学院第四届工程测量导线组三等奖；

②2018年11月获得甘肃省首届测绘技能大赛团体总成绩三等奖；

③2018年11月获得甘肃省首届测绘技能大赛三级导线测量二等奖；

④2018年11月获得甘肃省首届测绘技能大赛二等水准测量三等奖；

⑤2018年12月获得天水师范学院首届青年志愿服务项目创意大赛二等奖；

⑥2018年12月获得天水师范学院2018年大学生志愿者暑期"三下乡"社会实践调研报告二等奖；

⑦2020年9月获得天水师范学院2019—2020学年年度科技园优秀团队称号；

⑧2020年11月20日获得天水师范学院第四届大学生职业生涯规划大赛三等奖。

（4）创业规划

确定五年发展规划，扩大到现有规模的3倍以上，完成工作室升级。

①结合测绘地理信息行业"十四五"规划制定新的发展方向，为以后的项目承接和申报确定方向。

②吸收新鲜血液，扩大工作室运营规模，部门细化，扩大项目承接力度，吸引投资，加强跨学科、跨领域的合作。

③多参与政府部门、科研院所的相关项目。完成项目申报和参加大型比赛共 10 项以上。参加省部级以上研讨会与交流会。

④升级资质，扩大品牌优势，形成具有自主知识产权的管理模式。优化资源，实现多元经营。

4. 秦怀艺创有限公司

本公司以秦州大地文化以及历史文化背景为依托，以新时代云储存技术为灵魂，以新时期环保理念为主旨，将古法工艺与现代印刷技术相结合，开发制作手工体验项目以及创意手工作品。并且以互联网为传播渠道，将客户体验中的过程、温馨瞬间、美好记忆等影像资料储存至"数据云"，实现资料安全存储。

（1）品牌创新，凸显手作优势

市场上同类型的产品层出不穷，商业竞争压力大，公司为提高在同行业间的竞争力，由专业的设计团队，结合当地特色传统文化，设计出具有传统特色的图样；同时，打造系列产品，用秦怀的理念，用"秦"的历史背景，唤醒人们对秦州大地的爱与怀念，逐渐营造品牌效应，树立起秦怀手作的品牌，提高本公司的作品影响力。原创文化系列产品，展现出本公司的创造力和活力，是我们的灵魂和不断向前发展的源泉，也是本公司连接传统文化和现代文明的精神纽带。

（2）服务模式创新，提高参与感

我们打破传统单一的售卖模式，推出"体验+教学+记录"的模式，降低了创作成本，规避了抄袭的风险，提高了客户的文化参与感，让产品不仅仅是产品，更是一种情感寄托。在更好地传播相关文化的同时，发展长期客户，稳定收入，且可以根据当前主流文化变更制作项目，灵活性高。

（3）团队建设

团队负责人：韦欣如、李雅轩。本公司旨在以秦州本土文化为项目理念根基，开发彰显秦州文化理念的创意艺术产品，将已有产品生态环保原浆立体纸塑画、编织、扎染、蜡染、木雕、布艺等传统艺术带入教育领域中，加强对民族文化的认识、了解，以创新的"体验+教学+记录"的模式进行团队活动建设，同时对公司成员进行系统性的专业培训，使教学项目与时俱进，教学质量稳步提高，现有指导教师1名，14名公司成员，来自天水师范学院教师教育学院。

（4）成果转化

①2019年5月27日，举办中美交流"簪·笄"木簪制作体验活动，让国外学生大致了解中国传统及笄礼的含义以及簪在中国古代服饰领域的重要地位，在亲手制作木簪的过程中，体验中国文化。

②2019年5月29日，举办中美交流体验扎染活动，让国外学生大致了解扎染的过程与蓝靛泥这种中国传统染料，在亲手制作的过程中，体验中国的服饰、纹饰文化。

③在首届西北四省大学生就业创业比赛中天水师范学院校内赛获得第三名。

④2019年4月23日至25日，秦怀手作主办"暮春美如斯，约会秦怀时"的展销活动，并受到了天水师范学院全体师生及周边热爱手作的社会人士的极大欢迎。

5. 天水明德建筑科技有限公司

（1）公司简介

天水明德建筑科技有限公司于 2019 年注册成立，是以建筑科技为核心的集工程技术咨询、设计咨询、技术服务、房屋质量检测、BIM 咨询及设计、建筑节能与环境监测于一体的综合性公司。

（2）项目简介

天水明德建筑科技有限公司是基于天水师范学院土木工程学院实验室及软件技术而成立的，以建筑科技为核心的集工程技术咨询、设计咨询、建筑技术服务、房屋质量检测、建筑节能与环境监测、BIM 咨询与设计于一体的综合性项目。

本公司立足天水，坐拥地区高等学府专业团队，具有丰富的比赛与工程实践应用经验，依托土木工程学院与多家建筑单位建立合作关系、搭建教学实践基地，多方面开展深入交流合作，促进教学与实践融合，做到双赢。

其中，BIM（建筑信息模型）作为建筑行业的最具潜力和广大前景的技术，其核心是通过建立虚拟的建筑工程三维模型，利用数字化技术，为这个模型提供完整的、与实际情况一致的建筑工程信息库。本公司具有专业的 BIM 机房及系统相关软件，团队具备专业的 BIM 人才，可多方面开展相应业务。

此外，本公司在项目施工、工程结构设计、工程可行性研究报告、工程预算等方面同样具备相关人才，能够为相关项目提供专业可靠的支持。

（3）市场分析

①外部环境分析

现阶段建筑信息化行业发展态势火热，为减少施工过程中的设计变更与返工，实现降本增效，诸多建筑项目在投标阶段需提供建筑信息模型、模拟项目整个建造过程及重要环节和工艺，然而目前建筑信息化行业人才紧缺，应届生缺少工程施工实践经验，施工现场的从业者又大多缺乏相关的知识技能，无法紧跟时代步伐，与时俱进。公司勇挑时代重担，贡献青春力量，强力助推天水市及区域周边建筑行业信息化进程。

②内部环境分析

公司立足天水，辐射周边，正处于地区建筑行业信息化发展的初级阶段，行业潜力巨大，发展势头良好。公司具有一批高素质、高技能的优秀在校大学生及 BIM 技术工程应用经验丰富的指导教师，团队协作、执行能力强，业务熟练，依托学院 BIM 实验室和实训基地提供的专业绘图软件、高性能电脑及大型打印机等设施可有效地开展相应合作和生产服务。同时，公司已与甘肃东盛建筑设计有限公司、天水嘉通建设集团等实体企业建立了战略合作伙伴关系，大大提升了公司技术进步和占据市场份额的能力。

（4）特色及创新点

从过去的大兴土木到现在的信息化、集约化的重大变革，我们要抓住这个机遇，将建筑科技锁定为我们的发展方向，提供技术服务，抢先占领市场，抓住机遇，把我们的事业做实做精。提高自身的综合实力，和有实力的企业公司进行合作，既可以缓解竞争压力，又可以实现双赢，也为学生的就业提供了一个良好的契机。

（5）成果介绍

天水明德建筑科技有限公司立足天水，成立以来积极投身宣传及推广业务，目前已与多家建筑企业建立了合作意向。同甘肃二建集团、天水嘉通建设集团等企业关于 BIM 技术服务与 BIM 培训已经达成了初步合作意向，后期将进行深入交流，就具体工作做进一步对接。此外，天水明德建筑科技有限公司已经承接到天水师范学院土木工程学院 19 届毕业生的毕业设计图纸打印业务，本公司拥有专业的出图机，这是秦州区周围所没有的特殊打印机，本着服务同学、服务师院的原则，本公司将以最低价为需要的同学提供相应优质的服务，同时，建筑测量、房屋质量检测等业务也在陆续开展中。不仅如此，本公司部分毕业班同学积极参与第五届全国高校 BIM 毕业设计大赛，将所学应用于实践，为学院和学校争光。

（6）经济和社会效益

BIM 技术对于中小型企业而言，其投资之大、软件种类繁多以及缺少完整配套数据库和操作人员，使得企业不考虑建设相关部门；对于大型企业则是缺少相关专业人才，本公司恰好弥补了市场中此区域的空白，为中小型企业提供 BIM 技术服务，对建筑工程造价、电气暖通、排水管道布置利用数字化技术进行建模贯穿于建筑全寿命周期；对于大型企业，因缺少专业人才，本公司可提供配套设施与企业进行协作交流，最终实现互利共赢。BIM 已经成为"十三五"建筑业重点推广的五大信息技术之首，其技术的推广必使建筑行业进入一个可持续发展阶段，加之装配式建筑的推广，BIM 技术将会大有作为。

第三节 天水师范学院科技园入驻公司和团队

1. 校园主题邮局·青春驿站

天水师范学院校园主题邮局·青春驿站，是由学校和天水邮政联合打造的大学生创新创业孵化与实践基地。现有入驻团队1个，成员18人。团队组织机构健全、职能分工明确，基地无偿使用、自主运营、自负盈亏。

基地功能丰富，已形成了"一站八区"的生态格局，设有信函报刊区、邮品鉴赏区、文化创意区、快递收发区、时光慢寄区、图书漂流区、有声读书区、明信片定制区等，实现了报刊信件即时送达、邮政快递校内上门收发、大学生文化创意产品联合推广、图书阅读共享、校庆邮集购销等一系列功能服务，进一步提升了大学生创新创业实践能力和邮政业务服务质量，引领大学生创业团队在文化创意和邮政行业领域深耕发展。

2. 飞梦电子商务工作室

目前主要打造零点校园天水师范学院站，关注校园分类信息，为大学生提供一个综合性校园生活服务平台，由本校学生团队管理和运营，是一个以大学校园为单元，将学生需求和校园内及本地商户进行高效整合，是对O2O商业模式的全新诠释。O2O将线下商务的机会与互联网结合在一起，让互联网成为线下交易的前台，用户在互联网上了解到服务信息并且在线支付，预购服务的一种电子商务模式。目前创业的主要系统模块有校园外卖、校园商城、校园任务跑腿、校园信息发布、校园云打印、校园分时租赁等应用平台。

3. 天水明德建筑科技有限公司

天水明德建筑科技有限公司于 2019 年 3 月 20 日注册设立，是基于天水师范学院土木工程学院实验室及软件技术成立的，以建筑科技为核心的集工程咨询、设计咨询、建筑技术服务、房屋质量检测、建筑节能与环境监测、BIM 咨询与设计于一体的技术服务公司。公司立足天水，坐拥地区高等学府专业团队，具有丰富的比赛与实践经验。

4. 名将体育运动

天水市名将体育主要开展青少年体育训练；体育赛事规划；体育用品零售；幼儿园体适能（依法须批准的项目，经相关部门批准后，方可开展经营活动）等业务活动。多元化的创新发展是团队的思想理念。积极响应国家的全民健身向高质量发展号召，以健身健体与健康生活为原则推动地方体育文化建设。公司全体员工以饱满的创业激情为动力，服务地方经济提高生活品质，打造一家专业的体育文化运动公司。

5. 创壹有限责任公司

创壹艺术设计公司主要从事：视觉传达设计与环境设计。

从事领域：多媒体设计与制作、平面设计、广告创意设计、展示设计、包装、企业形象设计、数字艺术设计、环境艺术设计、新闻出版行业、室内设计、会展设计、建筑效果图设计、绘图员、平面设计师、橱柜设计师、家具设计师、施工图设计师、效果图表现、预算员、工装设计师、设计师助理、施工监理等。

创壹艺术设计公司合理利用市场资源使在校学生得到专业技能的锻炼，在锻炼的同时总结市场经验，以便更好地适应社会。

6. 测绘科技工作室

测绘科技工作室的业务范围：主要承接摄影测量与遥感、地理信息系统、工程测量、地图编制等方面的业务。通过使用 Arcgis、ENVI、南方 CASS、无人机图像处理等软件对外业采集的数据进行标准化的处理，为土地利用、城市规划、林业、农业等不同的行业提供地理信息以及行业应用的服务，生产各种比例尺的地图（DEM、DTM、DOM 及 DLG 产品和三维模型）。

发展理念：知识引领世界、品质成就未来。

核心文化：专业、诚信、务实、创新、不断学习前沿的测绘技术。

7. 跨境电商

本团队以提供更好更快的服务为宗旨，以互联网为平台，致力于打造大众品牌的跨境电子商务平台。本团队与天水当地知名公司美通进出口贸易有限责任公司达成合作，实现优势互补。近期将依托于美通集团成熟的技术以及平台开展商业活动，主要将目标消费群体瞄准在校师生，为他们提供生活用品、进口零食及瓜果蔬菜等。经营模式采取经营实体业务之余发展电子平台（师院周边范围内提供送货服务）。后期将会扩大平台服务范围，利用地理区位优势将当地的优质产品销往邻近省市乃至世界各地。

8. 甘肃工蚁网络科技有限公司

甘肃工蚁网络科技有限公司成立于 2019 年，目前主要从事数据的采集与标注两方面的工作。公司目前主要服务大型网络科技公司，为其提供有关 5G 与大数据的语音和文本采集，同时合理利用大学生闲散时间，为在校大学生提供兼职工作，增强其自身能力。

公司以"像蚂蚁一样干活，像蝴蝶一样生活"为核心价值，希望通过我们的不懈努力，重塑中小企业网络形象，为企业智能产品生产、制造及传播提供服务指导。

9. 甲醛促降剂研发团队

团队旨在以生物前沿科技进行科学研究与创新创业。

开展业务：本企业针对甲醛难挥发、持续时间久等主要问题，利用天然植物对甲醛降解的优势，通过开发适用于不同植株的各类助剂提升植物对甲醛的吸收效率并增强其耐受性，以确保植物能长期在甲醛环境下生长，进而将甲醛污染带来的危害降到最低。

针对目前利用植物吸收甲醛过程中存在的问题，利用植物的自身生理特点，以外界条件对其加以改造，从而提升植物对甲醛的吸收效率和耐受力。开发出不同种类的喷剂，并对喷剂进行优化处理、生产、推广及销售。以生物前沿科技治理甲醛污染、改善居室环境是符合现代社会实现可持续发展的有效措施，且低碳环保。目前，研发团队已成功研制出了适用于绿萝的喷剂。

10. 外国语语言服务中心

外国语语言服务中心团队成员是由英语专业品学兼优，并具备较强创新创业品质的优秀学生和班干部组成的。该项目包含四个部门，每个部门负责一项与外国语语言相关的业务。这四个部门分别是外国语培训部、出国留学部、语言翻译部和出境游学部。

外国语培训部主要承接来自企业或个人的语言相关培训业务；出国留学部为出国留学人员提供出国留学咨询服务、境外高校沟通与申请、海外学位申请文书准备、专业选择、出国留学签证办理、宿舍申请等一条龙服务；语言翻译部主要承接企业、个人的语言翻译业务，包括但不限于书面翻译、口译；出境游学部主要负责短期非学位的境外学校游学项目。

11. 品绘陇韵手绘坊

依据旅游产品市场的新需求，进行旅游产品的创新和衍生，深入挖掘甘肃省旅游业文化内涵，销售以甘肃省内各地美食、手工艺品、人文自然景观为主要内容的手绘艺术作品，并结合手绘艺术教育需求开办（线上、线下）手绘艺术教育体验课程，提升甘肃省旅游业竞争优势和旅游经济。同时该项目也是对高校美术专业课程改革与美术专业大学生创业就业能力的一种探索。开展业务：水彩绘画体验、水彩绘画教学。将旅游商品、景点、美食、游客合照等绘制成水彩画、明信片、书籍和纸胶带创意画等一些文化类产品。

12. "智游甘肃"微信小程序团队

"智游甘肃"是一款微信小程序商城,提供甘肃旅游攻略及游行指南,可以在线销售甘肃旅游景点门票、酒店预约、甘肃旅游特产销售、旅游服务等,并支持小程序互相跳转广告业务。

项目任务:坚持以用户的增长为核心任务,完成小程序用户增长KPI;前期加大营销力度,策划线上活动,形成一定的传播力;对线上的数据、产品需求进行分析,优化线上活动,调整策略;及时关注投资风险的预测和防范工作。

前期主要有六个核心成员及一个专业的旅游管理指导教师,这些成员都是来自商学院酒店管理专业的学生,秉承对专业的热爱,对创新创业的新奇与渴望,积极投身于创新创业项目。团队就是合理利用每一个成员的知识和技能协同工作,解决问题,达到共同的目标。我们的成员有的细心负责、工作能力强,有的擅长计算机操作、专业知识丰富,还有喜欢社交、沟通能力很强。

13. 优体策划平台

优体策划平台以体育赛事策划组织、体育培训为主营产品,兼营体育拓展训练、体育营销策划及突出重点、分步推进的发展战略思想。以推动全民健身活动开展、服务健康与品质生活、丰富人们的精神文化生活、服务地方经济和社会发展为己任,以打造有名的"体育赛事策划专家""青少年体育培训专家"为发展目标,立足天水市这个充满机遇和活力的城市，通过科学的战略规划，团队成员坚韧不拔的精神、饱满的热情、辛勤的汗水，致力于创造一个体育产业神话。

优体策划平台以回归现代社会的人文关怀为理念，以服务人的身体健康为最高宗旨，面向大众化体育服务需求的企事业单位和具有部分个性化需求的高端企业。环球体育赛事策划组织、体育拓展训练主要针对大众化的企事业单位的职工体育运动比赛；体育公关、企业体育营销策划主要针对一些高端的企业单位；体育培训主要针对青少年，项目主要涉及体育中考培训、青少年跆拳道、网球、篮球、羽毛球培训。

14. 天水大数据咨询与服务有限公司

天水大数据咨询与服务有限公司作为大学生创业的新兴载体，是一家专门帮助天水市各企业发现生产经营管理上的主要问题，找出原因，制定切实可行的改善方案的数据分析公司。本公司在天水师范学院科技园开设了数据服务平台，通过采集、存取、架构和统计分析等方面的技术为客户提供数据分析的技术支持，为客户更好地做出有利于发展的正确的决定。基于互联网，建设大数据采集接入、存储、计算、分析、可视化管理和大数据应用服务一系列软件工具，以降低大数据使用门槛，帮助客户加速大数据基础建设为使命，为经济主管部门和企业提供安全、高效、集中的大数据应用支撑环境和辅助决策支持服务。同时也在经济实务中运用多元分析、时间序列、SPSS 等软件。

15. 甘肃北辰教育科技有限公司

甘肃北辰教育科技有限公司是由在校大学生组建，旨在为广大学子提供服务，进行教育跟踪的公司。该公司实行咨询与培训相结合的方法，努力整合优质资源，挖掘学界、业界多方力量，促进各领域互动合作。

公司主要经营范围：推进教育咨询研究和服务创新，对大学生各类综合考试进行系统培训以及考研和企事业单位培训，并及时更新教育相关信息；教育软件研发，教育文化活动组织策划，教育文化交流；互联网信息服务、软件销售及开发安装；办公用品的销售；等等。

16. 一格手工坊

一格手工坊以手工原材料销售为主要经营项目，包含了手工体验、手工艺品教程以及私人订制等内容。产品经营以创意、公平、自愿为主旨，因此手工坊定位为大学生创意手工小作坊。

手工坊的主要经营业务：个性定制产品图纸设计、成品制作等。标有自己名字的皮艺挂件、独具个性的手环、款式新颖的背包等，这些产品不仅代表了自己的个性，也让顾客在制作的过程中享受到了成功的喜悦。出售各类成品，包括皮艺挂件、首饰、背包、木艺摆件等，为不会手工但喜爱手工制品的学生提供产品。

一格手工坊采取"学生+手工坊+教学+销售"的经营模式，这种经营模式的优势在于：一方面，我们采取"点对点"的收购方式，建立完整的，并具一定规模的销售网络，让利于学生，实现资源的充分利用，帮助学生有一个生财之道。另一方面，大多学生课余时间较多，抽出一部分时间把爱好变为金钱，也是对学生的一种鼓舞。"教学+销售"有利于实现产品的升级换代，由此，既节约了成本，又增强了竞争优势。

17. 在线平台课程团队

大学生在线平台课程的业务范围：针对大学生过级考试辅导；为四六级考试保驾护航；帮助大家规划学习道路；提供最新考研讯息；通过可靠大数据的支撑，为每位学生提供最适合的方案，协助学生轻松踏上备考之路；通过在线指导，快速了解到学生的问题并且及时解决。

发展理念：崇尚真实自然，追求简单有效。

创业精神：具有高度的责任感，以为大家负责为己任。

18. 源创 3D 打印工作室

源创 3D 打印工作室致力于根据 3D 打印的特点进行深度私人定制的产品开发与制作。通过 3D 打印将实验室和商业结合起来使实验室有方向、有目标地发展，同时使商业也具有科研性质，在两者不断相互促进的发展过程中继续实现对 3D 打印技术的深化和改造，如探索和发现可以用于 3D 打印的新型材料，研究可以提高 3D 打印精度的理论技术性问题。让产品从设计到制造之间只相隔一个"打印"按钮的距离。随着 3D 打印技术的飞速发展，整个产业将迎来质的飞跃。将 3D 打印用于实际生活生产当中，充分发挥 3D 打印技术的便利性和其制造上的优越性。让广大师生充分了解到 3D 打印的运作原理和 3D 打印的艺术性，更深入地将 3D 打印商业化，形成独具匠心、私人定制的 3D 打印 DIY 模式，并不断开发新的打印模式。在不断发展的过程中，对 3D 打印技术进行再开发，研究可以用于 3D 打印的新型材料，通过研究用于 3D 打印的新型材料，研究其结构组织配合新的打印模式制造出具有新特性、新功能、新用途的产品，迎来增材制造的春天。

19. 天云智造工作室

天云智造工作室团队成员共 7 人。工作室主要提供：3D 打印技术；产品结构设计；产品外观设计；CAD 制图；3D 设计；PROE 机械结构 3D 设计图；小工艺品（纪念品等）设计销售；其他接受范围内业务等设计制造建设。工作室成立以来以"专注设计，用心服务"为经营理念，以最好的产品、最好的服务、最好的信誉面向客户，也愿意成为您最可信赖的长期合作伙伴。

20. 秦怀手作坊

秦怀手作坊结合现代审美，古法工艺，致力于以讲授推广为主，作品售卖为辅的经营模式，营业重心是古法扎染、制簪、刺绣、编制等古法技艺。我们如今处于工业化时代，在这个时代中手工制品显得越发珍贵起来，每一件手工制品都凝结着作者的创意和灵感，受到追求个性、崇尚自然的人们的喜爱。但是，时至今日，传统手作工艺因为其无法用机器替代工艺，以及不符合时代的主体审美而慢慢淡出大众的视野，甚至很多人为传统纹样、色彩、款式戴上了"土"的帽子。中华民族传承千年的手艺，其中所蕴含的不仅仅是祖先对美的追求，更是一种传承的精神，是中华民族凝聚力的又一表现。

21. 燕绥汉服工作室

燕绥汉服工作室主要经营汉服租赁、手工制品出售及 DIY 体验、客片拍摄、活动策划等。我们的汉服均是由学院内各个班级提供的，一来可以降低工作室的成本，二来这种合作可以将物品充分利用。我们的手工制品均是由汉服工作室的成员手工制作，消费者可以来图定制，也可以购买一些款式简单时尚的饰品，在这方面，我们还推出了材料包出售，教学生自己制作手工品。近几年来，越来越多人拍摄客片，体验不同于日常生活的装扮。燕绥汉服工作室带你体验汉服之旅！

22. 龙城文物修复战队

龙城文物修复工作室主要面向各级博物馆、文物研究所、艺术品鉴定机构、艺术品拍卖机构、民间收藏人士等相关单位提供全方位文物修复方案。我们坚信诚信是成功的基础，专业技术服务是桥梁。针对天水文物修复人员紧缺的情况，我们共同组建了一支文物修复团队。目前，可完成青铜器、瓷器、竹木漆器以及书画的维修装裱工作。

经营范围：古字画、金石、古陶瓷、古籍善本、碑帖托本、档案文书、古建筑物、工艺品等修复技术服务；古董鉴定资讯；展览展示服务。

经营理念：以人为本，诚信务实。

公司目标：打造天水专业的文物修复公司。

所具优势：①区域优势——立足天水，文物资源丰富，交通便捷。②品牌优势——多重组合，海纳百川。③资源优势——放眼世界，诚信务实。与各级博物馆、文物研究机构、中国文物鉴定评估委员会、画廊、艺术品拍卖机构等建立长期合作伙伴关系。④人才优势——汇聚精英，成就未来。在学生学习具备专业知识的基础上，专业教师亲临辅导，在鉴定方面可有所发展，形成了以青年力量为主体，学习成熟公司经营理念，有专业素养、工作效率高的人员格局。

23. 舞音演艺团队

舞音演艺有限公司是以"艺术文化营销"为核心手段的营销型传媒机构，主要经营范围为房地产、化妆品、汽车、电器及服装等行业客户，拥有专业的策划、组织、执行的演出服务团队，以及整体项目运作能力。公司量身定制适合您的活动方案，全方位满足客户的需求，让客户轻松享受高品位、高水平的专业制作服务。

公司现拥有策划及执行团队、丰富的节目、专业的主持人等，具备承办公共及商业演出的资质。公司常年承办各种演艺活动，如天水市及周边地区的各类品牌文艺演出、各类庆典晚会、歌友会、新品发布会及各类演出策划等，并提供主持人、歌手、舞蹈表演者及各式演艺人员。

业务范围：承接各类演出、租赁演出服装、提供演艺人员等。演出：企业年会、公司答谢会、元旦晚会、圣诞晚会、迎新晚会、迎春晚会、酒会、开业庆典、周年庆典、房地产开盘、剪彩仪式、文艺演出、新品发布、促销活动等。舞台：舞台音响、舞台灯光、舞美等一条龙服务。主持人：晚会主持、娱乐主持、促销主持、会议主持等。歌手：民族、美声、通俗等。舞蹈表演者：现代舞、民族舞、古典舞、街舞、芭蕾、拉丁等。礼仪：展会礼仪、剪彩礼仪、奠基礼仪、商务礼仪、酒会礼仪、颁奖礼仪、会议礼仪、促销礼仪等。器乐：萨克斯演奏、葫芦丝演奏、笛子演奏、二胡演奏、琵琶演奏、古筝演奏等。武术表演：中国功夫、少林刀枪棍、跆拳道、空手道、团体表演等。

24. 奈特网络科技有限公司

奈特网络科技有限公司是一家以网络建立与维护、WEB 应用开发、大数据分析、移动互联网通信技术、云计算等为核心的科技公司。公司主要以技术研发创新为主导，把握互联网行业的需求，利用互联网核心技术为客户提供稳定、可靠、功能优异的软硬一体解决方案。我们公司已推出多个行业的解决方案，已经广泛应用于学校等行业。我们秉承"为合作伙伴创造价值"的核心价值观，以"诚实、宽容、创新、服务"作为企业精神，通过自主创新和真诚合作为互联网及信息服务行业创造价值。

25. 三昧真火创业组

苜蓿（宠物饲料）的外包装设计及网络销售项目简介：苜蓿，一种多年开花的野生植物，它主要分布在西北、东北、华北等地。其营养价值高，可满足大多数植食动物的需求，是未来最具潜力的宠物饲料。当下饲养宠物的人群不断增多，苜蓿饲料的需求进一步扩大。西部地区苜蓿产量高，用作牧场供应的苜蓿饲料较少且包装简陋，同时考察到网络市场苜蓿饲料的包装普遍缺少创新。故瞄准此商机，我们决定对宠物饲料包装进行创新设计，增加其附加值，使得运用我们的产品的商家在市场上更具竞争力。除饲料包装外，我们创业组兼做各类产品的外包装设计。

商业模式：通过与家乡种植苜蓿的农业合作社、乡镇企业进行合作（技术参股，商业合作）打通家乡苜蓿饲料的网络销路。与本地饲料生产商进行商业合作，直接为其提供多样化的生产包装，打开产品的线下销路。我们接受除饲料外的各类产品包装设计订单赚取外快。

26. 百川影视公司

网络与新媒体在当今时代处于新兴科技产业发展的前沿，百川影视公司借助国家宏观调控相应的政策，致力于发展影视文化的设计包装和创作。

公司宗旨：百川影视文化传媒股份有限公司以帮助客户获取经济效益和社会效益为己任，旨在通过公司科学、专业、真诚的服务来建立客户与市场的最佳沟通渠道，把客户的需求进行策划和设计，让客户以最低的成本，达到最佳的传播效果。

企业服务：百川影视文化传媒股份有限公司因自身特点具有专业上的优势。同时能把企业客户所需成本预算降到最低，做到真正的质优价廉。服务的主要项目包括制作企业宣传片、企业专题片、企业形象片、企业招商片、产品广告片、产品演示片、企业会议视频制作后期加工、企业年会视频拍摄制作、企业活动宣传片、企业培训视频拍摄制作。

经营范围：影视制作；影视设备租赁；摄像设备及后期；影视非线性编辑系统，photoshop、AE、PR 等，网络大小电影拍摄与制作；达·芬奇电影简单调色；航拍；影视片头与栏目包装；微电影拍摄与制作；纪录片拍摄与制作；MV 拍摄与制作；专题片拍摄与制作；宣传片拍摄与制作；个人形象展示片拍摄与制作；影视广告拍摄与制作；慕课、微课拍摄与制作；婚庆、会议摄像；抖音短视频拍摄与制作；vlog 拍摄与制作；多机位网格流媒体直播；PPT 精修；证件照拍摄与精修；毕业照拍摄与精修；个人写真艺术照片拍摄与精修；微信公众号运营；影视器材租赁与销售。

27. 悦心空间团队

悦心空间教育心理服务中心，是一个规范专业的、严守行业伦理的教育和心理辅导咨询机构，为有各类教育、心理及培训需要的人们提供服务，以个体辅导与咨询、团体辅导与咨询以及专题培训的方式，开展教育辅导、心理咨询和人际沟通培训。

团队借助优质的教育学、心理学师资队伍，有着五名拥有国家心理咨询师职业资质的心理咨询师，有着经验丰富、社会认可度高的市内知名教育、心理专家，还拥有各学科教育专业、小学教育专业、学前教育专业，特别是应用心理学专业的本科生做助教。在雄厚的专业基础上、良好的社会声誉中、巨大的市场需求下，业务市场潜力巨大，利润空间可观。

服务对象以学生及其父母为主，兼顾职场员工、社会团体。服务价格根据对象类型、规模分层定价。服务主体以天水师范学院教师、心理咨询师为主，有必要时聘请兄弟院校、社会专业人士。利用天水师范学院及知名咨询师的品牌效应，在初期进行一定的广告宣传。宣传方式采取走进中小学推介、新闻宣传、抖音推广。运营过程中开创微信公众号，普通教育、心理知识，宣传项目活动与成效。

28. 小宝校园 APP

小宝校园 APP 项目采用 O2O 商业模式，项目前期以微信公众号为传播媒介，同时进行 APP 的设计研发，以线下实体店为盈利点、以大学生为目标市场的综合服务平台。项目第一阶段以微信公众号运营为主，服务功能以学习资料分享、线下打印、兼职家教信息发布等为主，目标市场为天水师范学院在校学生，并投入资金进行前期小宝校园APP设计研发；项目第二阶段注册成立公司，将二手物品店、二手书店、娱乐资源共享、小宝主题餐饮店等逐步完善，目标市场扩大至天水地区高校，将小宝校园 APP 进入实际推广应用阶段；第三阶段进行风险投资和机构融资，实现更加细致完善的功能业务，市场范围也逐步扩大。

29. 壹品百珍汇农产品物联网科技有限公司

壹品百珍汇是一个依托国家现代化农业科技示范园和绿色农产品基地，采取线下体验线上销售策略，以开发实体店、搭建网上商城、农业供应链、社交电商渠道为一体，通过产品溯源和可视化标准种植，促进农产品增产增值，实现精准扶贫的现代农业一站式综合服务平台。

项目的创新性：（1）自运营农产品基地+第三方农产品供货基地；（2）"壹品网"商城认证流程：①平台认证②专家认证③农产品部门认证"三级认证"标准，让农产品品质得到保证。（3）发掘产品优势，打造特色农业。（4）数据监测，服务民生。（5）精准扶贫，授人以渔。运营模式：会员制营销；网络营销包括农产品+网络直播、农产品+可视农业、认养模式、农产品+社交平台（微信营销）。

30. 青年科技创新工作室

项目基本情况：该工作室以国家实施"精准扶贫"和"乡村振兴"

为契机，充分利用天水师范学院在校青年大学生学有所长、学以致用的能力，积极推进本校青年大学生创新创业训练工作的开展，开展创新创业、服务地方等工作。

研发产品：本团队研发的"新型便携式果蔬农药残留快速检测试纸片"由"速测试纸片"和"标准比色对照卡"两部分组成，检测体系及结果符合中华人民共和国食品安全标准 GB/T5009《蔬菜中有机磷和氨基甲酸酯类农药残留的快速检测标准》中的相关指标，可以快速、准确地检测果蔬农药残留情况。

行业及市场：立足天水当地农业生产实际，开发具有地域特色和竞争力的拳头野生食药植物；建立果蔬农药残留快速检测技术和方法；开展科技咨询、科普惠农、技术培训等工作，为高校科研资源与地方区域经济发展的紧密联系充当沟通桥梁。

31. 师院校联派

师院派推出天水师范学院校园服务平台——校联派，以学校资源为主，校周边地区资源为辅，建立集校园订餐、校园跑腿、校园兼职、二手信息、失物招领、表白墙、校园论坛、校园服务大厅、查询课表等于一体的"学、吃、喝、玩、乐"的平台，从学习、生活、交际等多个方面为学生提供便捷的服务，使得资源尽用更好地服务学生。

该平台将在保证质量安全以及使用方便快捷的同时，扩大宣传，在学校将会是人人知晓、人人会用的平台。调查问卷显示，学生对该平台支持度很高，急切希望平台能快速建立，为天水师范学院师生服务。

32. 羲皇创意孵化有限责任公司

创办理念：在文化行业里，衍生模式比较容易理解，本质上是文化作品中的影响力。

中国的衍生品市场还不成熟，表明文化元素对经济的渗透不够高，文化产业与其他经济活动的结合度也不够高，对经济的带动作用还不明显，即整体的发达程度还不够高，反过来看，衍生品产业尚不够发达本身就是文创行业的大忌讳。单一内容型公司受限于用户群，其规模体量受到限制，很快就会出现增长瓶颈，因此大力发展文创产品是当下大学生义不容辞的职责，尤其是我们西北地区的文创产品发展还比较落后，很多的衍生产品都还处于待开发的状态。

业务范围：主要为学校以及周边地区提供文化艺术表演策划、舞台造型策划、企业形象策划、市场营销策划、图文设计制作、会务服务、展览展示服务、摄影服务、网站建设与维护等服务、文创产品设计等，同时我们也对接一些业务培训，主要进行技术方面的培训，比如：PS和 AI 修图平面设计、EDIUS Pro 剪辑、Maya 3DMax 建模，让更多喜欢平面设计与后期制作的同学学到更多技能。

33. 鎏滢艺坊工作室

工作坊专业技术主要依托学校化学工程与技术学院文物保护与修复专业和历史文化学院博物馆专业，邀请学院专业教师和辅导员联合指导，形成了书画装裱、器皿修复、服饰扎染、制陶体验四大特色业务，并承接、制作、销售陶器，装饰壁画，书签，便签本，发簪等特色产品。

经营范围：书画装裱、器皿修复、服饰扎染、制陶体验、油画体验及相关承接、制作、销售：陶器、装饰壁画、文化用品、艺术工艺制品等。

34. 流星体育中心

流星体育中心工作内容主要包括休闲体育健身规划及中小型体育赛事策划两方面。体育健身方面包含大学生及各类人群休闲体育健身计划制定、中小学生身体素质提高方案制定等方面的内容。中小型体育赛事主要策划包含小学运动会、老年人运动会、企业主办的比赛及企业职工的团建活动。

35. 互联网+民间手工艺品

项目的初衷就是开发一个 APP，在此 APP 上将民间手工艺品与互联网结合，将线下产品通过 APP 整理至线上宣传、推广、销售，创新传统单一的商业模式，实现线上平台和线下销售一体化，使传统民间手工艺品实现创新性发展，使其更好地传承与发扬。

36. 5G 智慧生活馆

5G 智慧生活馆是学校联合天水市联通公司共建的大学生创新创业基地之一，通过学校主导、企业投资、学生团队自愿组队入驻的方式，打造了团建活动区、创客办公区、读书学习区、茶饮服务区、电子产品区、智能家居、业务受理区等功能区域，推动大学生在业务能力上的创新和社会创业人员的融合发展。

参考文献

一、专著

[1] 刘万韬 . 大学生创新创业教程：大众创业 万众创新 [M] . 天津：南开大学出版社，2016.

[2] 倪锋 . 创新创业概论 [M] . 北京：高等教育出版社，2012.

[3] 吴季松 . 知识经济 [M] . 北京：北京科学技术出版社，1998.

[4] 傅世侠，罗玲玲 . 科学创造方法论：关于科学创造与创造力研究的方法论探讨 [M] . 北京：中国经济出版社，2000.

[5] 董奇 . 儿童创造力发展心理 [M] . 杭州：浙江教育出版社，1999.

[6] 俞国良 . 创造力心理学 [M] . 杭州：浙江人民出版社，1996.

[7] 刘仲林 . 中国创造学概论 [M] . 天津：天津人民出版社，2001.

[8] 胡卫平 . 青少年科学创造力的发展与培养 [M] . 北京：北京师范大学出版社，2003.

[9] 陈龙安 . 创造性思维与教学 [M] . 北京：中国轻工业出版

社，1999.

[10] 刘红宁，王素珍. 创新创业通论 ［M］. 北京：高等教育出版社，2012.

[11] 董青春，吴金秋. 大学生创业教程 ［M］. 北京：北京航空航天大学出版社，2010.

[12] 杜永平. 创新思维与创造技法 ［M］. 北京：北京交通大学出版社，2005.

[13] 方勇，李志仁. 高等教育与国家创新体系 ［M］. 重庆：西南师范大学出版社，2006.

[14] 冯之浚. 国家创新系统研究纲要 ［M］. 济南：山东教育出版社，2000.

[15] 高振强. 大学生创业管理教程 ［M］. 北京：科学出版社，2009.

[16] 顾文兴. 简明读本创新与创新体系 ［M］. 上海：上海科学普及出版社，1999.

[17] 郭绍生. 大学生创新能力训练 ［M］. 上海：同济大学出版社，2010.

[18] 何流. 创新能力自我训练 ［M］. 北京：中国言实出版社，2006.

[19] 洪文明. 大学生知识创新基础 ［M］. 北京：中国财政经济出版社，2006.

二、译著

[1] 加洛. 非同凡"想"：乔布斯的创新启示 ［M］. 陈毅骊，译.

北京：中信出版社，2011.

　　［2］阿代尔. 创造性思维艺术：激发个人创造力［M］. 吴爱明，
陈晓明，译. 北京：中国人民大学出版社，2009.

　　［3］斯滕伯格. 创造力手册［M］. 施建农，等译. 北京：北京理
工大学出版社，2005.

　　［4］吉尔福特. 创造性才能：它们的性质、用途与培养［M］. 施
良方，沈剑平，唐晓杰，译. 北京：人民教育出版社，1991.

　　［5］斯塔科. 创造能力教与学［M］. 刘晓陵，曾守锤，译. 上
海：华东师范大学出版社，2003.

三、期刊

　　［1］王湘江，杨毅. 地方高校大学生创新创业教育生态系统构建
与实践［J］. 中国教育技术装备，2019（24）.

　　［2］蓝朝阳. 高校创新创业生态教育体系构建研究［J］. 吉林农
科技学院学报，2020，29（5）.

　　［3］黄保霖. 高校创新创业教育生态系统支撑体系构建探析［J］.
吉林农业科技学院学报，2021，30（1）.

　　［4］郑少芳. 创新驱动背景下高校创新创业教育生态系统的构建
究［J］. 湖北成人教育学院学报，2020，26（6）.

四、论文

　　［1］杨洋. 应用型本科院校创新创业教育实现途径研究［D］. 哈
　　　　哈尔滨理工大学，2019.

［2］张一青．新时期大学生创新创业教育研究［D］．西安：西安建筑科技大学，2017.

［3］曹诣晋姊．新时代大学生创新创业教育存在的问题及对策研究［D］．西安：西安科技大学，2019.

［4］刘珍．地方本科高校创新创业教育生态系统构建［D］．衡阳：南华大学，2021.

［5］徐波．大学生创新创业教育体系构建研究［D］．广州：广东财经大学，2018.